Comment
naître de nouveau
et
éviter l'enfer

DAG HEWARD-MILLS

Parchment House

Copyright © 2014 Dag Heward-Mills

Titre original : *The Greater Love of Jesus Christ*
publié pour la première fois en 2013
par Parchment House

Version française publiée pour la première fois en 2013
par Parchment House

Traduit par : Professional Translations, Inc.

ISBN : 978-9988-8552-2-2

Cette édition publiée en 2014 par Parchment House
Deuxième impression en 2015

Pour savoir plus sur Dag Heward-Mills

Campagne Jésus qui guérit
Écrivez à : evangelist@daghewardmills.org
Site web : www.daghewardmills.org
Facebook : Dag Heward-Mills
Twitter : @EvangelistDag

ISBN : 978-9988-8569-6-0

Table des matières

Chapitre 1

Dieu vous aime
d'un plus grand amour

C'est ici mon commandement : Aimez-vous les uns les autres, comme je vous ai aimés. IL N'Y A PAS DE PLUS GRAND AMOUR que de donner sa vie pour ses amis. Vous êtes mes amis, si vous faites ce que je vous commande.

Jean 15,12-14

L e grand amour de Dieu va changer votre vie pour toujours. Cet amour est plus grand que toute chose sur terre. Quand un homme dit à une femme : « Je t'aime », on ne peut comparer cela au plus grand amour qui fait l'objet de ce livre. Votre mère peut vous aimer, votre père peut vous aimer, mais aucun ne voudra mourir pour vous. Votre petit ami peut vous aimer, votre petite amie peut vous aimer, mais aucun ne voudra mourir pour vous.

Ce livre porte sur le plus grand amour de Dieu. Quand vous ouvrirez votre cœur pour recevoir ce grand amour, vous naîtrez de nouveau. Si vous ouvrez votre cœur à ce grand amour de Dieu, vous deviendrez une nouvelle création et mènerez une vie totalement différente. Si vous ouvrez votre cœur à ce grand amour de Dieu, vous échapperez à votre châtiment en Enfer. Vous méritez d'aller en Enfer, moi aussi. Mais grâce à l'amour de Dieu qui a envoyé son Fils unique afin que nous ne périssions pas, nous pouvons naître de nouveau ! Alléluia ! Nous pouvons devenir de nouvelles créatures ! Nous pouvons échapper aux ténèbres extérieures et aux tourments de l'Enfer. Quel est cette forme d'amour, par lequel nous pouvons être appelés enfants de Dieu ? Quel grand salut nous a été manifesté, que Jésus ait versé Son sang pour nous sauver de nos péchés !

Je veux que vous ouvriez votre cœur et bénéficiez du grand salut que Christ vous offre. C'est triste à dire, mais beaucoup de chrétiens ne comprennent pas le salut. C'est pourquoi j'écris ce livre. Le salut est rarement prêché de nos jours. Il est temps de revenir aux bases solides sur lesquelles le Christianisme se tiendra pour toujours.

Sept choses que vous devez savoir à propos du plus grand amour

1. Il existe différentes formes d'amour, mais l'amour de Jésus est la plus grande.

Dieu a une forme particulière d'amour qui est la plus grande forme d'amour existante. Il suffit de regarder ces passages de l'Écriture qui décrivent l'amour de Dieu. Quelle forme d'amour est-ce ? L'amour de Dieu est le grand amour, l'amour éternel et le plus grand amour.

Voyez QUEL AMOUR le Père nous a témoigné, pour que nous soyons appelés enfants de Dieu ! Et nous le sommes. Si le monde ne nous connaît pas, c'est qu'il ne l'a pas connu.

1 Jean 3,1

Mais Dieu, qui est riche en miséricorde, À CAUSE DU GRAND AMOUR dont il nous a aimés, Nous qui étions morts par nos offenses, nous a rendus à la vie avec Christ (c'est par grâce que vous êtes sauvés) ;

Éphésiens 2,4-5

Et nous, nous avons connu L'AMOUR QUE DIEU A POUR NOUS, et nous y avons cru. Dieu est amour ; et celui qui demeure dans l'amour demeure en Dieu, et Dieu demeure en lui. Tel il est, tels nous sommes aussi dans ce monde : c'est en cela que l'amour est parfait en nous, afin que nous ayons de l'assurance au jour du jugement.

1 Jean 4,16-17

De loin L'ÉTERNEL se montre à moi : Je t'aime d'UN AMOUR ÉTERNEL ; c'est pourquoi je te conserve ma bonté.

Jérémie 31,3

Le bien-aimé et le plus grand amour

J'ai connu jadis une jeune femme qui avait un bien-aimé. Ce jeune homme bien-aimé voulait se marier avec la jeune femme, mais il ne la traitait pas bien. Il avait l'air d'être déchiré entre sa bien-aimée et d'autres filles. Leur relation était tumultueuse, c'est le moins qu'on puisse dire. Un jour, cette jeune femme est finalement venue à la maison et a dit : « C'est fini ». Elle était en larmes parce que son cœur était brisé par la rupture. Mais je l'ai réconfortée et lui ai dit que Dieu lui donnerait quelqu'un d'autre, un bien-aimé encore meilleur.

Après quelques mois, Dieu a répondu à nos prières et un gentil jeune homme surgit de nulle part et est tombé amoureux d'elle. Ils semblaient prendre plaisir à leur relation et un jour, j'ai demandé à la jeune femme : « Comment va votre nouvelle relation ? »

Elle a souri et a dit : « C'est bien mieux que la première relation. Dieu a été bon pour moi ».

En d'autres termes, elle éprouvait un plus grand amour et une meilleure relation. Je lui ai demandé alors : « Pourquoi cette relation est-elle meilleure ? »

Elle répondit : « Je ne savais même pas que je pourrais être heureuse à ce point. Je ne savais pas qu'il y avait un amour beaucoup plus grand que je pourrais ressentir ».

En effet, cette jeune femme a connu une plus grande forme d'amour. C'est ainsi qu'est l'amour de Dieu. C'est une sorte d'amour bien plus grande. Quelle sorte d'amour est-ce ?

2. **L'amour de Jésus est plus grand que « l'amour des frères ».**

Ayant purifié vos âmes en obéissant à la vérité pour avoir UN AMOUR FRATERNEL SINCÈRE, aimez-vous ardemment les uns les autres, de tout votre cœur.

1 Pierre 1,22

De nombreuses familles se sont désintégrées en dépit du fait que leurs membres étaient liés. Elles se séparent et se battent maintes fois. L'amour de Jésus doit être beaucoup plus grand que l'amour entre frères.

Le don du rein

Un jour, il y eut une réunion de prière dans laquelle on offrait des prières pour un frère qui avait besoin d'un don de rein. Ils ont déclaré leur amour pour ce frère et voulaient qu'il continue à vivre grâce au don d'un rein.

Cependant, alors que la réunion de prière se déroulait, ils se sont rendu compte que personne n'était prêt à faire don d'un rein, même si c'était pourquoi ils priaient. Finalement, le chef de la prière décida de permettre à Dieu de choisir qui devrait donner un rein.

Il prit donc une plume et dit au groupe qu'il allait jeter la plume en l'air et celui sur qui elle atterrissait devrait faire don de son rein. Tout le monde fut d'accord avec ce processus de sélection divine.

Il jeta la plume en l'air. Elle s'éleva puis redescendit, de façon étonnante, dans la direction du chef lui-même. Soudain, le chef se mit à crier et à souffler vers la plume de sorte qu'elle ne vienne pas sur lui. Il était évident que personne n'était prêt à faire don de son rein, pas même le chef de la prière. C'est une chose de dire que vous aimez quelqu'un, mais c'en est une autre d'avoir le « plus grand amour » qui vous fait vous sacrifier pour lui.

3. L'amour de Jésus est plus grand que l'amour des femmes.

Beaucoup de chansons ont été écrites sur l'amour des femmes. En fait, la plupart des chansons sont écrites sur l'amour entre hommes et femmes, et pourtant, une grande partie de la douleur du monde provient de la rupture des relations entre hommes et femmes. Oh comme il est facile pour l'amour des femmes de mal tourner ! L'amour sur lequel j'écris est le plus grand amour.

Je suis dans la douleur à cause de toi, Jonathan, mon frère ! TU FAISAIS TOUT MON PLAISIR ; TON AMOUR POUR MOI ETAIT ADMIRABLE, AU-DESSUS DE L'AMOUR DES FEMMES.

2 Samuel 1,26

JACOB AIMAIT RACHEL, et il dit : Je te servirai sept ans pour Rachel, ta fille cadette. Et Laban dit : J'aime mieux te la donner que de la donner à un autre homme. Reste chez moi ! Ainsi Jacob servit sept années pour Rachel : et elles furent à ses yeux comme quelques jours, parce qu'il l'aimait.

Genèse 29,18-20

LE ROI AIMA ESTHER PLUS QUE TOUTES LES AUTRES FEMMES, et elle obtint grâce et faveur devant lui plus que toutes les autres jeunes filles. Il mit la couronne royale sur sa tête, et la fit reine à la place de Vasthi.

Esther 2,17

L'amour des femmes, c'est l'amour du corps féminin ; avec cette sorte d'amour, la femme donne son corps à un homme pour lui faire plaisir. L'amour des femmes est de courte durée. La plupart des femmes sont incapables de garder longtemps l'attention d'un homme. Un de mes amis avait deux petites amies. Je lui ai demandé comment il pouvait avoir deux petites amies en même temps. Il m'a répondu : « J'avais huit petites amies quand j'étais en sixième, mais maintenant que je suis à l'université, je n'en ai que deux ». Ce jeune homme avait une capacité d'attention très courte envers les différentes femmes de sa vie. L'amour de Jésus dure plus longtemps que le désir d'un homme envers différentes femmes.

L'amour de Jésus a duré tout au long des siècles. Il a persisté jusqu'au moment où il a pu nous atteindre, vous et moi. L'amour de Jésus Christ est une sorte d'amour beaucoup plus grande que l'amour d'un homme envers une femme.

Il y a des limites dans l'amour des femmes. Même les couples les plus proches ont besoin de conseils peu de temps après leur mariage. Beaucoup de ceux qui disent « Je t'aime », « Tu es mon rêve », « Je suis si heureux de t'avoir rencontrée », disent souvent les mêmes choses à une autre personne. Évidemment il y a quelque chose qui manque dans cet « amour des femmes ».

La veuve

Un certain pasteur vivait heureux avec sa femme jusqu'à sa mort inattendue. La femme avait le cœur brisé et elle pleurait sans cesse. Son pasteur essaya de la conseiller, mais rien ne pouvait la consoler.

Un jour, elle se rendit sur la tombe et pleura du matin au soir. Comme elle pleurait, elle grattait et s'agrippait à la tombe. Elle voulait retirer son mari de la tombe.

Un jour, le pasteur eut une vision ; il fut enlevé au Ciel où il vit le mari de cette femme. À sa grande surprise, cet homme était très heureux au Ciel. Il parla au pasteur et lui dit qu'il était très heureux d'être au Ciel. Le pasteur lui dit : « Votre femme pleure tous les jours et rien ne peut la consoler ».

Le pasteur défunt lui dit alors quelque chose de vraiment choquant. Il dit : « Oh, ne vous inquiétez pas pour ma femme. Le Seigneur m'a dit quand je suis arrivé ici que tout irait bien pour elle et qu'Il allait même lui donner un nouveau mari qui serait meilleur que moi ».

Il ajouta : « S'il vous plaît, dites à ma femme quand vous irez la voir que c'est ce que le Seigneur a dit.

- Mais elle ne va pas me croire.

- Ne vous inquiétez pas, dit le pasteur, je vais vous dire un secret entre elle et moi. Quand vous lui direz cela, elle saura que vous m'avez parlé ».

Puis le défunt lui dit un secret que seuls lui et sa femme connaissaient.

Après la vision, le pasteur appela cette femme et lui dit qu'il avait vu son mari, et qu'elle allait avoir un nouveau mari qui serait meilleur que le précédent.

Elle lui dit : « Pas du tout, c'est impossible. Je n'aurai jamais de nouveau mari et personne ne pourrait être meilleur que mon mari ».

Puis il lui dit le secret. Elle cria et dit : « Vous étiez près de notre fenêtre et vous avez écouté notre conversation ».

C'est alors qu'elle se rendit compte que c'était une vraie vision.

Le temps passa et elle se remaria. Un jour, le pasteur lui demanda : « Comment va votre nouveau mariage ? »

Elle sourit timidement et dit : « Ce nouveau mari est en effet bien meilleur que mon premier mari. Je fais l'expérience d'un plus grand amour ».

Cette femme connut un plus grand amour dans son second mariage. Il existe en effet de moindres et de plus grandes sortes d'amour, mais l'amour de Jésus est un amour bien plus grand que l'amour des femmes ou des frères.

4. L'amour de Jésus est plus grand que l'amour d'une nation.

Les gens prétendent aimer leur pays. Mais quand le pays est pauvre s'ils le peuvent, ils prennent la nationalité d'un autre pays. Beaucoup de Ghanéens et de Nigérians ont changé leur nationalité et sont maintenant fiers d'être citoyens britanniques, américains, italiens et allemands. Les gens changent leurs accents et se dissocient de leur pays à la moindre occasion.

Mais Jésus Christ est resté sur Sa croix et Il est mort pour le monde entier. L'amour de Jésus Christ est bien plus grand que l'amour qu'on peut avoir pour son pays.

5. L'amour de Jésus est plus grand que l'amour d'une mère pour ses enfants.

Une femme oublie-t-elle l'enfant qu'elle allaite ? N'a-t-elle pas pitié du fruit de ses entrailles ? Quand elle l'oublierait, Moi je ne t'oublierai point.

Ésaïe 49,15

Les mères peuvent oublier leurs enfants et cela arrive. Certaines mères laissent leurs enfants à la porte d'une autre maison et s'en détournent à jamais. L'amour d'une mère est vraiment une grande chose. Mais on ne peut le comparer au plus grand amour que Jésus a manifesté quand Il a donné Sa vie pour le monde entier.

6. L'amour de Jésus est plus grand, parce qu'Il S'est sacrifié pour nous.

Cet amour est plus grand, parce que l'on donne généralement quelque chose quand on aime. Jésus ne nous a pas donné d'argent, de maisons, ni de voitures, comme le font certains ; Il a offert sa vie ! Il a donné sa vie ; Il n'a pas vécu jusqu'à 70 ans. Il a versé Son sang pour nous. Le sang est la vie. Il nous a donné Sa vie en donnant Son sang.

NOUS AVONS CONNU L'AMOUR DE DIEU, en ce qu'il a donné sa vie pour nous ; nous aussi, nous devons donner notre vie pour les frères.

1 Jean 3,16

Et de la part de Jésus Christ, le témoin fidèle, le premier-né des morts, et le prince des rois de la terre ! A CELUI QUI NOUS AIME, QUI NOUS A DÉLIVRÉS de nos péchés PAR SON SANG.

Apocalypse 1,5

L'homme dans le congélateur

Un jour, un jeune homme rencontra une femme et lui dit combien il l'aimait. Cette jeune femme était captivée par l'amour que le jeune homme lui manifestait, et elle décida de l'épouser. Ils se marièrent, s'installèrent dans leur nouvelle maison et achetèrent des meubles, un congélateur, un réfrigérateur et toutes les choses dont ils avaient besoin pour rendre un foyer heureux.

Une nuit, alors qu'ils étaient couchés, des bandits armés firent irruption dans la maison. Le mari réussit à s'échapper dans la salle de séjour et ne savait où aller. Quand il vit le nouveau congélateur vide, l'idée lui vint de sauter dedans et de s'y cacher.

Les voleurs à main armée ne pouvant pas le trouver, ils battirent sa femme et la maltraitèrent. La femme criait et appelait à l'aide, mais on ne trouvait nulle part le mari, parce qu'il se cachait dans le congélateur. Lorsque les voleurs armés partirent finalement, il sortit du congélateur pour consoler sa femme. Mais elle ne voulait pas en entendre parler.

« Tu ne m'aimes pas », dit-elle. « Si tu m'aimais, tu serais sorti du congélateur pour me sauver ».

Le mari dit : « Je t'aime, mais pas à ce point ».

Puis il continua : « Tu ne comprends pas ? Je n'aurais pas pu faire grand-chose. Ces gars-là m'auraient tué. J'aurais perdu ma vie en essayant de te sauver. J'aurais été un héros, mais j'aurais perdu ma vie ».

Plus tard, quand la femme se rendit à l'église, elle entendit le pasteur prêcher : « Il n'y a pas de plus grand amour que de donner sa vie pour ses amis ».

Elle se rendit compte alors que son mari avait été incapable de donner sa vie pour elle. Même s'il l'aimait jusqu'à un certain point, l'amour de son mari ne pouvait être comparé à l'amour de Jésus pour elle. Jésus Christ a donné Sa vie pour elle. Son mari n'en a pas fait autant.

7.   Vous n'échapperez pas si vous négligez un si grand amour.

Ignorer, mépriser et négliger le plus grand amour de Jésus, c'est vous livrer à la souffrance et au malheur. Si vous refusez un tel amour, je me demande qui vous aimera à l'avenir.

Comment échapperons-nous en négligeant un si grand salut, qui, annoncé d'abord par le Seigneur, nous a été confirmé par ceux qui l'ont entendu.

Hébreux 2,3

La beauté désespérée

Quand j'étais à l'université, je connaissais beaucoup de belles filles chrétiennes. Il y avait en particulier cette fille chrétienne qui était extrêmement belle. Tous les jeunes hommes voulaient sortir avec elle et l'épouser. Elle recevait de nombreuses lettres de nombreux jeunes hommes. Elle lisait simplement chaque lettre et se moquait de ceux qui lui avaient écrit. Elle montrait les lettres à ses amies et elles rigolaient. Elle quitta finalement l'université et de moins en moins de jeunes hommes s'intéressèrent à elle. Puis personne ne lui fit plus de demande en mariage.

Comme les années passaient, elle se désespérait et décida de fréquenter une église où le pasteur n'avait pas de femme. Après quelque temps, elle se rendit compte que le pasteur ne l'avait pas remarquée et elle décida de danser devant lui pendant le temps de louange et d'adoration. Pour une raison ou une autre, il ne l'a remarqua toujours pas. Elle décida finalement d'aller faire elle-même une demande en mariage au pasteur. Elle s'approcha de lui et lui dit : « Je voudrais vous épouser. Est-ce que vous voulez m'épouser ou pas ? » Mais il ne voulait pas l'épouser. Comme elle était embarrassée ! Quelle honte ! Une femme qui avait été désirée par tant d'hommes, maintenant plus personne ne voulait d'elle.

Voyez-vous, si vous rejetez le grand amour, vous le regretterez un jour. Un jour viendra où on ne vous manifestera pas un tel amour. Vous découvrirez que vous ne pouvez pas échapper si vous négligez la voie du salut apportée par Jésus.

La veuve en deuil

Je rencontrai un jour une femme dont le mari était mort. Son mari, pasteur, était mort dans sa quarantaine. Elle me raconta combien son mari aimait passer près d'elle et la toucher.

Elle me dit : « Chaque fois qu'il passait près de moi à la maison, il me touchait. Mais je n'aimais pas ça. Je n'appréciais pas qu'il me touche constamment ».

Elle se mit à me raconter comment il avait été frappé par le cancer au milieu de sa vie. Selon elle, un moment vint où il se coucha à la maison, incapable de lever les mains. Elle passait près de lui, comme les autres fois, mais cette fois, il ne pouvait ni lever les mains, ni lui donner un de ses câlins habituels.

Elle dit : « Comme il était là en train de mourir, je souhaitais tellement qu'il tende la main et me touche comme il le faisait ». Mais c'était fini. Elle avait rejeté son amour de nombreuses fois, mais souhaitait l'avoir à nouveau.

La chose même que vous rejetez peut être le seul moyen par lequel Dieu vous bénit. Ouvrez votre cœur au plus grand amour de Jésus et profitez de Son amour, de Son pardon et de Sa bénédiction.

Chapitre 2

Ne soyez pas surpris que vous devez naître de nouveau

Que veut dire naître de nouveau ?

Il y eut un homme d'entre les pharisiens, nommé Nicodème, un chef des Juifs,

qui vint, lui, auprès de Jésus, de nuit, et lui dit : Rabbi, nous savons que tu es un docteur venu de Dieu ; car personne ne peut faire ces miracles que tu fais, si Dieu n'est avec lui.

Jésus lui répondit : En vérité, en vérité, je te le dis, si un homme ne naît de nouveau, il ne peut voir le royaume de Dieu.

Ne t'étonne pas que je t'aie dit : Il faut que vous naissiez de nouveau.

Jean 3,1-3.7

Dans ce passage, Jésus eut une discussion avec un homme du nom de Nicodème. Jésus était à la maison une nuit quand Nicodème vint à Lui. Nicodème était un personnage très important dans la ville. La Bible dit que c'était un chef des Juifs, un docteur d'Israël, un chef dans les synagogues. Nicodème est allé voir Jésus durant la nuit, de sorte que toutes les personnes qui le respectaient ne puissent le voir.

Cet éminent chef juif dit quelque chose à Jésus qui L'incita à donner une réponse intéressante. Nicodème dit à Jésus qu'il reconnaissait en Lui un grand homme de Dieu.

Jésus vit à travers lui et répondit : « Tu dois naître de nouveau. Tu es bon. Je sais que tu paies la dîme et que tu jeûnes souvent. Tu es Pharisien et un chef des Juifs, mais tu dois aussi naître de nouveau ! »

Or, les questions que nous devons nous poser sont les suivantes : « Pourquoi Jésus dit-il à Nicodème qu'il devait naître de nouveau ? » « Pourquoi s'est-Il lancé dans ce sermon ? »

Le verbe « naître » signifie « être produit ou créé ». Par conséquent, « naître de nouveau » signifie « être produit ou créé de nouveau ».

Il y a beaucoup de gens qui font toutes sortes de choses religieuses. Ces activités religieuses leurs donnent le sentiment et l'apparence d'être chrétiens, mais en réalité ils ne le sont pas. Être religieux ne vous fait pas naître de nouveau. Ces gens-là ne sont pas nés de nouveau.

En fait, en dehors du Christianisme, aucune religion n'oblige une personne à naître de nouveau ou à être créée de nouveau. Toutes les grandes religions de ce monde donnent des instructions auxquelles leurs disciples doivent obéir. Il n'y a cependant aucune religion qui exige une nouvelle naissance intérieure. Le Christianisme est le seul à faire cette demande !

Pour comprendre ce que signifie naître de nouveau, nous pouvons regarder ce que naître de nouveau ne signifie pas ! Pour comprendre mieux la Bible, j'essaie souvent de regarder l'opposé de ce qui est écrit. Cela peut être très révélateur. Par exemple : « ...Cherchez premièrement le Royaume et la justice de Dieu ; et toutes ces choses vous seront données par-dessus. » (Matthieu 6,33). L'opposé de cela est : « ...Ne cherchez pas d'abord le Royaume de Dieu, et toutes ces choses ne vous seront pas données par surcroît ». C'est aussi simple que cela.

Si vous ne cherchez pas d'abord le Royaume de Dieu, ne vous attendez pas à ce que Dieu vous donne les choses dont vous avez besoin.

Donc, pour comprendre le concept de la nouvelle naissance, nous allons nous pencher sur vingt choses qui ne sont PAS naître de nouveau.

Vingt choses qui ne sont PAS la même chose que de naître de nouveau

1. Admirer les miracles n'est pas la même chose que de naître de nouveau.

Chaque fois qu'il y a un faiseur de miracles, de grandes foules se rassemblent. Ces foules ne sont pas souvent des foules stables ; elles ne se réunissent que pour une raison et une saison. Les foules qui se rassemblent pour faire l'expérience de miracles ne sont pas nécessairement nées de nouveau.

Lorsque Jésus Lui-même organisa des croisades de miracles, de grandes foules se rassemblèrent, mais quand Il commença à enseigner certaines vérités difficiles, tous L'abandonnèrent, sauf les douze disciples (Jean 6).

Une profonde admiration pour les miracles n'est pas naître de nouveau.

2. Devenir ami d'un homme de Dieu n'est pas la même chose que de naître de nouveau.

Nicodème fit la connaissance de Jésus et devint Son ami. De la même façon, beaucoup sont devenus amis de pasteurs et d'hommes de Dieu. Jésus n'a pas dit : « Si un homme n'a un pasteur comme ami.... ». Il a dit : « ...si un homme ne naît de nouveau, il ne peut voir le Royaume de Dieu ». (Jean 3,3).

3. Donner de l'argent à une église n'est pas la même chose que de naître de nouveau.

Donner de l'argent à une église n'est pas la même chose que de naître de nouveau. Certains ont donné de l'argent aux églises pendant de nombreuses années, mais cela ne remplace pas le fait de naître de nouveau. Celui qui donne ne recevra pas pour autant un traitement spécial aux portes du Ciel. Bien qu'il soit bon de donner à Dieu, peu importe combien d'argent vous donnez à l'église, vous devez quand même naître de nouveau.

4. Adhérer à une église n'est pas la même chose que de naître de nouveau.

Une personne peut adhérer à une église en s'inscrivant comme membre de cette église et pourtant ne pas être née de nouveau. Je suis allé à l'église toute ma vie, mais je ne suis pas né de nouveau avant d'être adolescent. Dans un pays « religieux » comme de nombreux pays africains, vous pourriez facilement être membre d'une église et ne pas être né de nouveau.

5. Jouer un rôle dans une église n'est pas la même chose que de naître de nouveau.

Il est possible de jouer un important rôle dans l'église sans être né de nouveau. Par exemple, lors d'un appel à l'autel dans notre église, des choristes ont répondu à l'appel de donner leur vie au Christ. Ils étaient membres de la chorale, mais n'étaient pas des chrétiens nés de nouveau. Une personne qui n'est pas née de nouveau peut s'engager dans des activités religieuses et même devenir prêtre. Il y a des prêtres qui se tiennent derrière les « bureaux sacrés » dans beaucoup d'églises, mais qui ne sont pas nés de nouveau ! Jouer un rôle dans l'église n'est pas la même chose que de naître de nouveau.

6. Prier chaque jour n'est pas la même chose que de naître de nouveau.

Prier chaque jour n'est pas la même chose que de naître de nouveau. Quand j'étais enfant, je me suis approché d'un prêtre et lui ai demandé : « Monsieur, comment puis-je aller au Ciel ? »

Il m'a dit : « Mon fils, prie le 'Je vous salue Marie' trois fois par jour, et le 'Notre Père' une fois par jour, et tu iras au Ciel ».

Je l'ai remercié et j'ai commencé à prier chaque jour en récitant le Notre Père et le Je vous salue Marie.

Oh, comme je priais ! Mais ce n'était pas la voie du salut ! J'ai suivi avec diligence les instructions de mon prêtre, mais je n'étais pas encore né de nouveau.

Vous pouvez être très religieux, mais si vous n'êtes pas né de nouveau, vous mourrez et irez en Enfer.

7. Lire la Bible n'est pas la même chose que de naître de nouveau.

Lire la Bible et citer les Écritures n'est pas une garantie de salut. Vous pouvez être capable de citer la Bible, de Genèse au livre d'Apocalypse. Cela ne veut pas dire que vous êtes né de nouveau. Il y a des théologiens qui ont des diplômes dans toutes sortes de branches de la théologie, mais qui ne sont pas nés de nouveau.

8. Être baptisé n'est pas la même chose que de naître de nouveau.

Le baptême n'est pas la même chose que de naître de nouveau. Jésus Lui-même nous a commandé d'être baptisés, mais Il a dit que le baptême devait suivre le salut.

Allez par tout le monde, et prêchez la bonne nouvelle à toute la création. Celui qui croira et qui sera baptisé sera sauvé...

Marc 16,15-16

Vous devez croire avant d'être baptisé. C'est devenu une tradition de certaines personnes de baptiser les bébés quand ils ont quelques jours. Comment pouvez-vous croire quand vous avez huit jours ?

Le baptême est l'immersion dans l'eau : un signe pour la personne qui se fait baptiser et pour tous les témoins, qu'elle est maintenant née de nouveau. Le « vieil homme » du péché descend dans l'eau et le « nouvel homme » recréé en Christ en émerge.

Nous savons que le baptême est un signe de ce qui s'est passé à l'intérieur. C'est parce que quand vous êtes nés de nouveau, ceux qui vous entourent ne voient en fait rien arriver. Donc être baptisé devient un signe physique de ce qui s'est passé à l'intérieur, mais n'est pas la même chose que de naître de nouveau.

9. Être « confirmé » dans une église n'est pas la même chose que de naître de nouveau.

Dans certaines églises, une personne est baptisée par l'aspersion d'eau sur elle quand elle a quelques jours. On s'attend à ce qu'elle revienne à l'église quand elle aura grandi pour confirmer son Christianisme. C'est ce qu'on appelle la « confirmation ».

Je pense que ce qui s'est réellement passé est ceci : à un certain moment dans le développement du Christianisme, certains se sont sentis « trop importants » pour être publiquement immergés dans l'eau. C'était humiliant pour eux d'être immergés publiquement dans l'eau, alors je crois qu'on a décidé que les personnes se feraient baptiser quand ils sont des enfants. Puis, quand ils avaient grandi, ils étaient confirmés. Le résultat de cela fut la création d'une grande mer de pécheurs confirmés et d'incroyants qui pensent faussement être nés de nouveau. Être confirmé n'est pas la même chose que d'être né de nouveau.

10. Recevoir la sainte Cène n'est pas la même chose que de naître de nouveau.

Recevoir la sainte Cène n'est pas la même chose que de naître de nouveau. Peu importe combien de vin de la sainte Cène vous buvez ou combien de pain de la sainte Cène vous mangez. Recevoir la sainte Cène ou le repas du Seigneur est en fait destiné aux chrétiens nés de nouveau, qui mangent le pain et boivent le vin en mémoire de la mort de Christ. Cependant, il est désormais courant de trouver des ministres qui distribuent la sainte Cène aux pécheurs extrémistes qui viennent uniquement à l'église à des occasions spéciales. Les pasteurs donnent aussi la sainte Cène aux non-croyants qui sont sur leur lit de mort, près des portes de l'enfer.

Mais manger une grosse miche de pain de la sainte Cène et boire une caisse entière de vin de la sainte Cène ne peut pas sauver votre âme ni ne vous fait naître de nouveau.

11. Être dans une famille chrétienne n'est pas la même chose que de naître de nouveau.

Être dans une famille chrétienne n'est pas la même chose que de naître de nouveau. J'ai été élevé dans une famille « chrétienne ». J'ai été baptisé bébé, puis confirmé plus tard. Ma marraine d'Angleterre m'a aussi donné une Bible et un livre de cantiques, mais il accumulait seulement de la poussière sur l'étagère. J'ai été à l'église avec ma famille pendant des années jusqu'à ce que je naisse de nouveau. Il y a eu un point précis de ma vie où je suis né de nouveau.

Je trouve que les gens pieux sont surpris (comme Nicodème), quand on leur dit qu'ils doivent naître de nouveau. Ils croient qu'ils ont été des « chrétiens » dévoués toute leur vie, en chantant probablement toutes les hymnes, les chants et doxologies qu'ils connaissent.

Si un jeune homme arrive et dit à de tels gens pieux qu'ils doivent naître de nouveau, vous pouvez comprendre leur surprise. En fait, une éducation « chrétienne » ne remplace pas le fait de devoir naître de nouveau.

12. Employer le jargon chrétien n'est pas la même chose que de naître de nouveau.

J'ai travaillé avec des gens dans divers groupes chrétiens. À certains moments, j'ai senti que certains n'étaient pas vraiment nés de nouveau. Je me demandais s'ils étaient vraiment chrétiens, et pourtant ils employaient un riche jargon chrétien. Quand ils vous rencontraient, ils savaient exactement ce qu'ils étaient censés dire.

13. Le confessionnalisme n'est pas la même chose que de naître de nouveau.

Le confessionnalisme, ou « églisiénisme », n'est pas la même chose que de naître de nouveau. Être membre de l'une des grandes confessions de nos jours ne fait pas de vous un chrétien né de nouveau.

Vous pouvez faire partie de l'Église Internationale le Phare mais être incroyant. De la même façon, vous pouvez faire partie de l'Église méthodiste, mais être simplement un incroyant méthodiste.

L'Église catholique est une confession très puissante, que je respecte vraiment. À mon avis, beaucoup d'églises ne sont pas aussi dévouées et aussi charitables que l'Église catholique. Beaucoup de pasteurs charismatiques et pentecôtistes ont beaucoup à apprendre de nos frères catholiques. Quand j'étais à l'école de médecine, j'ai eu l'occasion d'apprendre de première main des choses sur les Services du Secours Catholique. Ils offrent de merveilleux services sociaux, médicaux et de secours. Que Dieu bénisse leurs cœurs pour tous leurs efforts.

Cependant, il est de mon devoir d'informer tous les catholiques, méthodistes, presbytériens, baptistes, pentecôtistes et les membres de l'Église Internationale le Phare qu'ils doivent naître de nouveau. Faire partie de votre grande confession ne signifie pas que vous êtes né de nouveau.

14. Être moraliste n'est pas la même chose que de naître de nouveau.

Être moraliste n'est pas la même chose que de naître de nouveau. Il y a des gens qui ont des mœurs très élevées. Mais avoir de bonnes mœurs n'est pas la même chose que de naître de nouveau.

Il y a par exemple des gens qui ne rompraient jamais leurs promesses de mariage. J'ai parlé un jour à un incroyant qui appartenait à un groupe occulte. Il me dit qu'il avait été marié pendant dix-sept ans, mais n'avait jamais été infidèle envers sa femme, même si elle ne pouvait pas avoir d'enfant. C'est un test que beaucoup de chrétiens nés de nouveau ne peuvent peut-être pas réussir. Beaucoup de gens sortent de leur mariage et rompent leurs promesses de mariage dans le but d'avoir des enfants. Mais écoutez bien, être un tel moraliste ne signifie pas que vous êtes né de nouveau.

Je vous félicite pour votre moralité. Je vous respecte pour le fait que vous n'avez jamais commis l'adultère ou la fornication. Je suis heureux que vous ne soyez pas dans la pornographie ou la prostitution, mais je dois quand même vous informer que vous devez naître de nouveau ! Nicodème était un moraliste, c'est pourquoi il fut si surpris quand Jésus lui dit qu'il devait naître de nouveau. « Ne vous étonnez pas que je vous aie dit : Il faut que vous naissiez de nouveau ».

15. Avoir des principes n'est pas la même chose que de naître de nouveau.

Avoir des principes n'est pas la même chose que de naître de nouveau. Certains sont très fondés sur les principes et ils ne vous escroqueront pas, même s'ils en ont la possibilité. Certains trichent parfois aux examens, mais jamais ces gens de principe !

Je trouve qu'il est plus difficile d'amener des gens de principe à Christ. Les pécheurs invétérés sont plus conscients de leur besoin de Dieu. Quelqu'un de très fondé sur les principes ne voit pas pourquoi il doit être sauvé. Son excuse est souvent : « Pourquoi ? Je suis bon, pourquoi devrais-je changer ? » « Je vous le dis en vérité, les publicains et les prostituées vous devanceront dans le royaume de Dieu» (Matthieu 21,31).

Il y a des médecins de principe qui ne sont pas nés de nouveau, et qui refusent tout simplement de pratiquer des avortements. Pour eux, l'avortement est un meurtre. Pourtant, même ces médecins fondés sur les principes doivent naître de nouveau.

16. Être respectable n'est pas la même chose que de naître de nouveau.

Être respectable n'est pas la même chose que de naître de nouveau. En fait, vous pouvez être respecté dans la société depuis de nombreuses années. Toute votre vie, vous avez pu être choisi pour recevoir des responsabilités de direction.

Vous êtes peut-être quelqu'un en situation d'autorité aujourd'hui. Vous pourriez être le président d'un pays, un parlementaire, un ministre d'état, un roi, un chef, un directeur ou une directrice. Ces positions sont tenues en haute estime. Ne vous y trompez pas. Ce respect qui est accordé ne signifie pas que vous êtes né de nouveau. Jésus dit au président : « Ne vous étonnez pas que je vous aie dit : Il faut que vous naissiez de nouveau ».

17. Être populaire n'est pas la même chose que de naître de nouveau.

Être populaire ou célèbre n'est pas la même chose que de naître de nouveau. Je me souviens d'un jeune homme particulièrement petit qui était très populaire dans mon école. À chaque fois qu'il entrait ou sortait d'une classe, il y avait un grand tumulte, car tout le monde l'encourageait. C'était un gars très populaire, mais il devait quand même naître de nouveau ! Vous pouvez être populaire. Les gens peuvent vous saluer où que vous alliez, mais vous devez quand même naître de nouveau!

Les politiciens populaires doivent naître de nouveau, en dépit de leur popularité. En dépit de leur popularité, ils doivent quand même naître de nouveau ! Les gens peuvent vous aimer. Tout le monde peut être enchanté avec vous. Pourtant, être populaire n'est pas la même chose que de naître de nouveau. « Ne vous étonnez pas que je vous aie dit : Il faut que vous naissiez de nouveau ».

18. Obéir à un nouvel ensemble de règles n'est pas la même chose que de naître de nouveau.

Naître de nouveau n'est pas la même chose que d'obéir à un nouvel ensemble de règles. Lorsque vous adhérez à un club, comme une association d'anciens ou un club de culture physique, on peut vous présenter un nouvel ensemble de règles. L'école de mon épouse, Wesley Girls' High School, avait pour devise : « Vivez dans la pureté, Dites la vérité, Redressez les torts et Suivez le roi ». Cet ensemble de règles peut être votre principe directeur. Mais vous devez quand même naître de nouveau.

Il y a aussi des gens qui sont riches en dictons. Au Ghana, l'un de nos dictons populaires peut se traduire par : « L'animal sans queue est protégé par Dieu ». Son sens profond est : « Dieu prend soin de l'orphelin ». Comme cela sonne sage et impressionnant ! Un autre dicton dit : « Le vieil homme assis au pied de l'iroko voit plus loin que le jeune homme qui monte au sommet de l'arbre ». Génial ! Quelle sagesse et quelle profondeur ! Un autre dicton est : « Un étranger a des yeux mais il ne peut pas voir ». C'est fantastique. Ces dictons sont vraiment profonds.

Une telle sagesse profonde ne veut pas dire que vous êtes né de nouveau.

Tout au long de votre vie, vous pouvez être guidé par ces sages citations qui sonnent bien. Cependant, Jésus vous dit : « Vous devez quand même naître de nouveau ».

19. Être un bon conjoint n'est pas la même chose que de naître de nouveau.

Être une bonne épouse ou un bon époux ne veut pas dire qu'une personne est née de nouveau. Vous pouvez aimer votre mari, vous occuper de lui, vous soumettre à lui, le soutenir et prier pour lui, mais cela ne veut pas dire que vous êtes né de nouveau. Vous pouvez vivre heureux ensemble, mais cela ne veut pas dire que vous irez au Ciel. Les gens de bonne famille sont souvent surpris quand vous leur dites qu'ils doivent naître de nouveau.

Ils diront : « Regardez-moi ! Qu'est-ce qui ne va pas ? Je suis bon, et voici mon heureuse femme. J'ai une bonne vie, une bonne famille et de bons enfants. Nous vivons heureux pour toujours ! Qu'est-ce qui pourrait être mieux ? »

Je suis d'accord avec tout ce que vous avez dit, mais vous devez quand même naître de nouveau.

20. Être riche ou pauvre n'est pas la même chose que de naître de nouveau.

Être riche ou pauvre n'est pas la même chose que de naître de nouveau. Être pauvre dans cette vie est d'autant plus une raison de devoir naître de nouveau. Votre pauvreté et votre souffrance dans cette vie ne devraient pas vous faire faussement croire que vous connaitrez la paix après la mort. Si vous n'êtes pas né de nouveau, votre pauvreté ne vous sauvera pas. Vous devez quand même naître de nouveau. Sinon, vous irez en Enfer et vivrez dans les tourments pour l'éternité.

Si vous êtes très riche et que tout va bien pour vous, vous pouvez penser que vous n'avez rien à ajouter à votre vie. Jésus dit pareillement aux riches et aux pauvres : « Ne vous étonnez pas que je vous aie dit : Il faut que vous naissiez de nouveau ».

Dans Luc 16,19-31, nous lisons le passage sur l'homme riche. C'était un fou, non parce qu'il était riche, mais parce que dans sa richesse il n'a pas reconnu Dieu. Les riches oublient souvent Dieu. Ne soyez pas seulement riche ; soyez sage et riche.

Quand le riche se retrouva en Enfer, il devint un évangéliste virtuel incitant les gens à se lever d'entre les morts pour porter le message à ses frères. Monsieur le Riche, ne soyez pas surpris que vous devez naître de nouveau. Vous devez croire en Dieu. Vous devez croire en Jésus.

Chapitre 3

Ce que signifie être une nouvelle création

…Si quelqu'un est en Christ, il est une nouvelle créature…

2 Corinthiens 5,17

Quand un homme naît de nouveau, il devient une nouvelle création. La « nouvelle création » est un terme utilisé dans la Bible pour expliquer et décrire une personne sauvée. Il est important de comprendre ce que signifie être une nouvelle créature en Christ. Le concept de nouvelle création est tout simplement fascinant. Dieu, dans Sa grande sagesse, a changé nos cœurs et nous a renouvelés à l'intérieur. Cela est très différent de l'expérience d'autres religions. La plupart des autres religions ont tout simplement un ensemble de règles à suivre. Nous avons beaucoup plus que cela ! Nous avons l'expérience merveilleuse d'être recréé dans l'Esprit.

Je vous donnerai un cœur nouveau, et je mettrai en vous un esprit nouveau ; j'ôterai de votre corps le cœur de pierre, et je vous donnerai un cœur de chair.

Ézéchiel 36,26

La nouvelle création n'est pas une création nouvelle de votre corps. Les gens qui sont nés de nouveau n'ont pas changé dans leur corps. La nouvelle création n'est pas une ancienne création restaurée. La nouvelle création n'est pas une version améliorée de l'ancienne création. La nouvelle création est une chose toute nouvelle qui n'a jamais existé auparavant. Quand vous êtes né de nouveau, Dieu a mis en vous un cœur nouveau et vous êtes une nouvelle créature. Vous avez un cœur qui n'a jamais existé auparavant. Vous avez une âme qui n'a jamais existé auparavant. Vous êtes un homme nouveau et de nouvelles choses vont arriver dans votre vie. Loué soit le Seigneur !

Dans ce Chapitre, je veux partager avec vous ce que signifie être une nouvelle créature. Vous devez comprendre ce qui est arrivé dans votre vie. Quand une personne subit une intervention chirurgicale, elle doit comprendre ce qui lui est arrivé. Parfois, après la chirurgie, il y a certaines choses que vous pouvez faire et certaines choses que vous ne pouvez pas faire. La chirurgie peut changer votre mode de vie de façon dramatique. Quand vous êtes né de nouveau, vous avez subi une chirurgie spirituelle. En fait, vous avez reçu une greffe spirituelle et un cœur nouveau. Qu'est-ce que cela signifie pour vous ? Que devez-vous savoir sur la nouvelle création ?

Sept grands principes à propos de la nouvelle création

1. *L'homme est un esprit, il possède une âme et vit dans un corps.*

Le fait qu'un être humain soit en fait un esprit vivant dans un corps physique est l'une des vérités les moins connues. Quand Paul écrit aux Thessaloniciens, il écrit que Dieu devrait les toucher dans ces trois domaines : l'esprit, l'âme et le corps.

Que le Dieu de paix vous sanctifie lui-même tout entiers, et que tout votre être, l'ESPRIT, l'ÂME et le CORPS, soit conservé irrépréhensible, lors de l'avènement de notre Seigneur Jésus Christ!

1 Thessaloniciens 5,23

Un être humain n'est pas juste un morceau de viande. Quand la princesse Diana est décédée, beaucoup de gens de ce monde ont réfléchi sur la réalité des choses spirituelles. J'ai parlé à quelqu'un dans le hall du Novotel d'Accra. Il m'a demandé ce que je faisais, et je lui ai dit que j'étais pasteur. « Oh, je vois, dit-il.

- Croyez-vous en Dieu ? lui ai-je demandé.

- En fait, je venais juste de penser à cela ».

Il poursuivit : « Quand la princesse Diana est décédée, je me demandais si je n'étais pas juste un morceau de viande ».

Je lui dis : « Vous n'êtes pas juste un morceau de viande. Vous êtes plus qu'un morceau de viande ».

Quand les gens parlent d'une manière très fière et arrogante, c'est parce qu'ils ne sont pas conscients de la réalité des choses éternelles. Je n'oublierai jamais ma première journée comme étudiant en médecine au laboratoire de l'University of Ghana Medical School. Il était environ deux heures de l'après-midi quand on nous fit entrer dans une grande salle climatisée contenant douze tables de marbre blanc. Sur chacune de ces tables était étendu un mort tout nu.

Il y avait environ dix hommes et deux femmes. Mes amis et moi nous rassemblèrent autour de l'une des tables. Il y avait des tabourets autour de chaque table et je me suis assis, fixant le cadavre qui se trouvait devant moi. Sur la poitrine de cet être humain se trouvait un plâtre avec un nom inscrit. Le nom de notre cadavre était Cornelius. Je me demandai : « Qui était Cornelius au cours de sa vie ? Quel était son métier ? Comment en est-il arrivé là, étendu devant nous, prêt pour dix-huit mois de dissection intensive ? »

Comme nous étions assis, notre professeur d'anatomie entra. Il se trouvait être chrétien. Il nous dit : « Allez-y, touchez-les, n'ayez pas peur ! » Mais malgré ses encouragements, la plupart étaient effrayés par toute la scène.

Ce professeur d'anatomie a dit quelque chose qui est resté avec moi depuis. Il dit : « Cette scène devrait faire chacun d'entre vous réfléchir sérieusement au sens de la vie ». Il ajouta : « Si la vie consiste simplement dans l'aspect physique, alors même les chèvres sont meilleures. Parce que quand les chèvres meurent, on peut les manger, mais les hommes on ne peut pas les manger ».

J'ai pensé à cette déclaration et je me suis rendu compte que la vie doit consister en quelque chose de plus que ce que nous voyons physiquement. L'homme est un esprit. La Bible dit que Dieu est le Père des esprits.

...Ne devons nous pas à bien plus forte raison nous soumettre au PÈRE DES ESPRITS, pour avoir la vie?

Hébreux 12,9

Si Dieu est le Père des esprits, alors nous Ses enfants sommes des esprits. Cela signifie que notre corps n'est qu'un récipient de l'esprit. La Bible décrit le corps comme une maison.

Nous savons, en effet, que, si cette TENTE OÙ NOUS HABITONS SUR LA TERRE est détruite, nous avons dans le ciel un édifice qui est l'ouvrage de Dieu, une demeure éternelle qui n'a pas été faite de main d'homme.

2 Corinthiens 5,1

Dans Luc 16, quand Lazare mourut, la Bible nous enseigne qu'il fut porté par les anges dans le sein d'Abraham.

Le pauvre mourut, et il fut porté par les anges dans le sein d'Abraham...

Luc 16,22

Je passai un jour devant une tombe anonyme. Je vis trois hommes jeter les cadavres dans la fosse commune. J'allai près de leur voiture et demandai : « Qu'est-ce que vous faites ? » C'étaient des responsables de l'hôpital qui avaient été envoyés pour enterrer des corps non réclamés. Je me souvins immédiatement de Lazare. Ils étaient les Lazare des temps modernes. Mais ce n'est pas la fin de l'histoire. Après la mort du corps, l'esprit continue à vivre.

Lazare lui-même, le *vrai* homme, fut porté dans le sein d'Abraham. Souvenez-vous aussi du témoignage du riche. Il avait tout dans la vie. Il avait de meilleurs soins, alors il vécut plus longtemps que Lazare. Cependant, son tour vint aussi de mourir. Il eut probablement des funérailles grandioses.

Il y a quelques années, j'ai assisté à un enterrement. Les funérailles étaient grandioses. Des dignitaires sont venus de tous les coins du pays pour assister aux funérailles. Des cartes d'invitation spéciales furent imprimées pour les funérailles. On changea plusieurs fois les vêtements du cadavre pendant la nuit. La partie la plus étonnante de l'enterrement fut que l'on construisit en fait une nouvelle route dans la ville pour permettre à tous d'assister aux funérailles dans le confort.

Je ne sais pas si vous connaissez le coût de la construction d'une route. Aucune dépense ne fut épargnée pour les funérailles de ce grand homme riche. Ces funérailles me rappelèrent aussi l'histoire du riche de l'évangile de Luc. Mais l'histoire ne s'arrête pas là. La Bible dit qu'en Enfer il leva les yeux. L'homme avait toujours des yeux, même s'il était en Enfer. Il cria au Père Abraham qu'il devrait permettre à Lazare de tremper le bout de son doigt dans l'eau pour lui rafraîchir la langue.

Dans le séjour des morts, il leva les YEUX ; et, tandis qu'il était en proie aux tourments, il VIT de loin Abraham, et Lazare dans son sein. Il s'écria [bouche/ voix] : Père Abraham, aie pitié de moi, et envoie Lazare, pour qu'il trempe le bout de son DOIGT dans l'eau et me rafraîchisse la LANGUE ; car je souffre cruellement dans cette flamme.

Luc 16,23-24

Remarquez que différentes parties du corps sont mentionnées. On peint l'image d'un homme. C'est intéressant, parce que la Bible décrit l'esprit d'un homme comme l'homme caché, l'homme intérieur ou l'être intérieur.

Mon cher ami, le Lazare qui était dans le sein d'Abraham n'était pas le vrai Lazare. C'était l'âme et l'esprit de Lazare. Le riche qui languissait en Enfer n'était pas le riche qui avait été enterré à cet enterrement somptueux. C'était l'âme et l'esprit du riche qui passait par les feux de l'Enfer. Vous pouvez vérifier vous-même si le corps reste dans la tombe ou pas ! La dépouille mortelle des humains demeure sur la terre longtemps après que l'esprit soit parti vers la vie éternelle ou la damnation.

Je sais que beaucoup de chrétiens ne sont pas conscients de cette grande réalité : qu'ils sont esprit, âme et corps. Quand beaucoup de chrétiens se réveillent le matin, ils passent beaucoup de temps à se laver, à se brosser les dents et à se préparer. Beaucoup de femmes passent beaucoup de temps à se préparer avant de sortir. Après cela, ils peuvent avoir un bon petit déjeuner ou déjeuner avant de sortir. Ensuite, ces chrétiens nés de nouveau sortent de leur maison sans même dire une prière de cinq minutes. C'est parce qu'ils ne sont pas conscients du fait qu'ils sont beaucoup plus qu'un corps. C'est seulement parce qu'ils ne sont pas conscients du fait qu'ils sont des esprits vivant dans un corps, qu'ils passent tout leur temps à s'occuper seulement de leur corps.

Quand une personne prend conscience de son esprit et de son âme, elle passe son temps à édifier et développer son esprit.

Beaucoup de gouvernements ne sont pas conscients du fait que l'être humain est composé de plus qu'un corps et un esprit. Ils insistent sur l'éducation et la forme physiques, mais ils laissent de côté la *vraie* personne. L'homme est avant tout un être spirituel. L'esprit et le corps ne sont que des récipients mortels de l'esprit humain.

Il est temps que les chrétiens soient conscients de l'esprit qui habite en eux. Il est temps que nous développions l'esprit humain. Vous pouvez développer votre esprit humain par la prière.

Celui qui parle en langue S'ÉDIFIE LUI-MÊME [se construit, se recharge].

1 Corinthiens 14,4

La Bible dit que lorsque vous parlez en langues, vous construisez, rechargez et édifiez votre esprit. Il est bon de faire des exercices physiques. Nous ne sommes pas contre cela ! Mais qu'en est-il des exercices spirituels ? Soyez conscient de votre esprit intérieur. Vous êtes un esprit, vous avez une âme et vous vivez dans un corps.

Mais qu'est-ce qu'une âme ? La Bible dit clairement que l'âme est différente de l'esprit.

Car la parole de Dieu est vivante et efficace, plus tranchante qu'une épée quelconque à deux tranchants, pénétrante jusqu'à partager ÂME et ESPRIT...

Hébreux 4,12

Il y a une séparation nette (démarcation) entre l'esprit et l'âme d'un homme. Tellement de mots dans la Bible sont utilisés pour décrire les actions de l'âme. On peut dire que l'âme est dans l'allégresse (Psaume 31,7). L'âme peut magnifier et bénir le Seigneur (Psaume 103,2). L'âme peut être abattue (Psaume 42,5). L'âme peut être attristée (Juges 10,16). L'âme peut être découragée (Nombres 21,4). L'âme peut être joyeuse (Psaume 35,9).

Ce ne sont que quelques-unes des émotions que l'âme exprime. Nous pouvons donc conclure que l'âme est la partie de l'homme qui fait l'expérience des pensées, des sentiments et des émotions.

Vous vous rendez compte que l'âme du riche était vivante en Enfer. C'est pourquoi il pouvait *se souvenir* de Lazare. Le riche pensait que c'était toujours comme quand il était vivant sur terre. C'est pourquoi il voulait envoyer Lazare comme messager, pour venir du Ciel en Enfer lui servir de l'eau.

Le riche *se souvint* de ses cinq frères et plaida avec le père Abraham de les empêcher de venir le rejoindre en Enfer. Il avait pitié de tous ceux qui viendraient en Enfer. L'âme du riche avait péri dans l'étang de feu et il pouvait *se souvenir, penser* et *sentir* comme s'il était sur terre.

Que dit Jésus à propos de l'âme? Il dit : « Et que sert-il à un homme de gagner tout le monde, s'il perd son âme ? » C'est l'âme qui va en Enfer. Votre esprit et votre âme souffriront en Enfer.

Et que sert-il à un homme de gagner tout le monde, S'IL PERD SON ÂME?

Marc 8,36

2. *L'esprit d'un homme qui n'est pas sauvé est mort et désespérément méchant.*

Quand quelqu'un n'est pas né de nouveau, il a ce que j'appelle un esprit non sauvé. La Bible a beaucoup de façons différentes de décrire un incroyant. La Bible dit d'un non-chrétien qu'il est incroyant, pécheur et non régénéré. Il est important que vous soyez conscients de l'état de l'esprit humain.

Le cœur [esprit non sauvé] est TORTUEUX par-dessus tout, et il est MÉCHANT : Qui peut le connaître ?

Jérémie 17,9

Mais la Parole de Dieu dit très clairement que toute personne qui n'est pas croyante a un esprit non régénéré et est capable de faire beaucoup de mal. Le fait qu'un homme non sauvé soit dans un terrible état spirituel est évident dans le premier chapitre de la Lettre aux Romains. La Bible dit que la colère de Dieu est lancée contre la méchanceté des hommes.

La colère de Dieu se révèle du ciel contre toute impiété et toute injustice des hommes…

Romains 1,18

La race humaine a abandonné le Dieu vivant, et c'est pourquoi Dieu les a laissé mourir et plonger leurs esprits dans les ténèbres.

Puisque ayant connu Dieu, ils ne l'ont point glorifié comme Dieu, et ne lui ont point rendu grâces ; mais ils se sont égarés dans leurs pensées, ET LEUR CŒUR SANS INTELLIGENCE A ÉTÉ PLONGÉ DANS LES TÉNÈBRES.

Romains 1,21

Le cœur de la personne non sauvée est obscurci et dégénéré. Dieu a franchi une étape supplémentaire et a abandonné l'humanité pour qu'ils puissent suivre leurs propres désirs et sentiments pervers.

C'est pourquoi DIEU LES A LIVRÉS À L'IMPURETÉ, selon les convoitises de leurs cœurs ; en sorte qu'ils déshonorent eux-mêmes leurs propres corps.

Romains 1,24

Non seulement l'esprit de l'homme non sauvé se trouve dans les ténèbres de la mort, mais l'esprit de la race humaine non sauvée a également dégénéré en un état dépravé.

Comme ils ne se sont pas souciés de connaître Dieu, DIEU LES A LIVRÉS À LEUR SENS RÉPROUVÉ, pour commettre des choses indignes.

Romains 1,28

En lisant le passage qui suit, vous découvrirez que la race humaine pécheresse est remplie de tous les maux possibles et imaginables. Vous pouvez lire ici la longue liste de caractéristiques de sa méchanceté.

Étant remplis de toute espèce d'injustice, de méchanceté, de cupidité, de malice ; pleins d'envie, de meurtre, de querelle, de ruse, de malignité ; rapporteurs,

Médisants, impies, arrogants, hautains, fanfarons, ingénieux au mal, rebelles à leurs parents,

Dépourvus d'intelligence, de loyauté, d'affection naturelle, de miséricorde.

Romains 1,29-31

Ce principe qu'un esprit non sauvé est méchant se manifeste tous les jours de notre vie. Dieu a mis en garde contre le mariage avec des non-chrétiens, parce qu'un non-chrétien a un esprit non régénéré et est capable de faire beaucoup de mal. L'une des choses dont un non-croyant est rempli est la rupture d'alliance ou déloyauté (Romains 1,31).

La plupart des non-croyants ne gardent pas leur parole. Il est rare de trouver un incroyant qui soit fidèle à son alliance de mariage. Un homme m'a dit : « Je n'ai jamais vu un mari non-croyant fidèle ».

En grandissant, j'ai découvert que la rupture d'alliance faisait partie intégrante du mode de vie de l'incroyant. Ils disent : « *Oui, je le ferai* » et « *Oui, je veux* », mais *ils ne le font pas* et *ils ne veulent pas*. C'est la raison pour laquelle Dieu dit que les chrétiens ne devraient pas épouser des incroyants. Ne pensez pas que Dieu essaie de vous punir en vous disant de ne pas épouser un incroyant. Dieu essaie d'éviter que votre cœur soit brisé par quelqu'un qui rompra son alliance.

Ne vous laissez pas tromper par l'apparence digne de l'incroyant. Il peut être directeur d'école ou de niveau, ministre d'état ou même président du pays. La nature d'une personne non sauvée est décrite en détail pour vous dans Romains 1,29-31. Croyez la Bible plus que vos yeux. La Bible est la Parole de Dieu et elle est utile à votre instruction.

Personne n'enseigne à un enfant d'être méchant. La méchanceté vient naturellement à beaucoup de petits enfants. Pourquoi est-ce que les enfants mentent, trichent et volent sans qu'on leur enseigne à le faire ? C'est parce que l'esprit non sauvé est à nouveau à l'œuvre.

Quand j'étais en secondaire, je ne comprenais pas la manifestation de la méchanceté chez certains élèves. Ils inventaient toutes sortes de peines incroyables. En première, j'ai fait l'expérience de la torture aux mains d'élèves plus âgés. Ces élèves plus âgés n'étaient pas des spécialistes de la torture du KGB. C'étaient tout simplement des élèves plus âgés à la nature non sauvée.

Ils pouvaient écraser des comprimés de chloroquine (un antipaludéen amer) dans du gari (manioc moulu) et le donner à manger aux gens. Ils avaient des peines appelées « tour de la liberté » et « danse du singe » qui causait à vos muscles de se tétaniser. J'ai été obligé une fois de faire une « danse du singe » jusqu'à être pratiquement paralysé. J'ai été incapable de marcher pendant plusieurs heures.

Des peines étaient conçues dans lesquelles on vous envoyait ramasser vingt seaux de fumier d'une ferme à deux kilomètres. Après avoir fait cela vingt fois, vous auriez pu marcher quatre-vingt kilomètres avec une lourde charge.

D'où venaient toutes ces idées ? Elles provenaient du cœur dépravé et méchant de l'homme non sauvé. Je me demande : « Si ces gens en venaient à avoir un pouvoir politique, que feraient-ils à leurs ennemis ? »

Partout dans le monde, la nature dépravée et perverse de la race humaine est manifestée. Quand j'entends les atrocités commises pendant les guerres, je me demande : « Qu'est-il arrivé à la race humaine ? » La méchanceté abonde dans le cœur de l'homme, parce que le cœur de l'homme non sauvé est mort et désespérément méchant. Ce n'est pas quelque chose qui affecte les Blancs ou les Noirs ; c'est la nature de l'humanité tout entière.

Pendant la guerre civile au Libéria, nous avons entendu que des gens étaient donnés en nourriture aux lions. Un réfugié libérien m'a raconté comment les soldats rebelles jetaient les enfants dans un puits. Quand le puits était plein d'enfants, ils versaient du kérosène sur les enfants qui hurlaient et ils allumaient un feu. Ce sont des choses réelles qui sont réellement arrivées !

Pourquoi les êtres humains ont-ils un cœur si méchant et mauvais ? Pourquoi se fait-il que lorsque l'occasion se présente, nous voyons des actes de sauvagerie incroyables ?

Un Libanais décrivit quelque chose dont il fit l'expérience pendant la guerre au Liban. Il dit : « Un groupe capturait des prisonniers qui appartenaient à une autre faction. Puis ils amputaient les jambes et les bras des prisonniers, mettaient le tronc (tête, thorax et abdomen, sans les jambes ni les bras) des gens dans une voiture et les envoyaient dans leurs maisons ». Il m'a raconté comment les bras et les jambes du frère d'un ami avaient été amputés et combien l'expérience avait été terrible. Il poursuivit : « L'homme-tronc était dans un état si pitoyable que mon ami dut tirer sur son propre frère pour mettre fin à sa torture ».

Ces actes de barbarie sont des manifestations d'une race dépravée et réprouvée. Pourquoi le monde est-il rempli de tant de mal ? Pourquoi des millions de gens commettent-ils quotidiennement la fornication et l'adultère ? Pourquoi les vols, les tueries et l'injustice abondent-ils partout ? Où vont ces gens de plus de cinq milliards de personnes cupides, corrompues, dégénérées et égoïstes ?

Dieu a abandonné la race humaine à son mode de vie perverse. Ce sont ces gens non sauvés et dégénérés que Jésus est venu sauver. C'est pourquoi Jésus a dit que l'homme devait naître de nouveau. Un autre terme pour être né de nouveau est la régénération. Quand vous êtes nés de nouveau, votre nature essentielle est modifiée. C'est pourquoi la Bible vous appelle une nouvelle créature. Dieu doit faire une nouvelle création du vieil homme corrompu.

Quand un homme meurt, il vous est impossible de garder son corps à la maison. Peu importe combien vous aimez votre frère, lorsque la condition qu'on appelle la mort pose ses mains glacées sur lui, vous devez vous séparer de lui. Le mort doit aller à la morgue puis à la tombe. Les époux qui s'aiment doivent se séparer lorsque la mort vient saisir l'un d'eux. Pourquoi ? Le corps de votre bien-aimé est mort. Il commence à se décomposer et à dégénérer.

Vous rappelez-vous ce que Dieu dit à Adam et Ève ? Il dit : « Le jour où vous mangerez de ce fruit, vous mourrez ». Quand Adam et Ève péchèrent, ils moururent. L'état de mort spirituelle entra dans leurs esprits et Dieu n'avait plus aucun moyen d'entrer en communion avec eux. Il dut les chasser du jardin et les séparer de Lui.

La race humaine tout entière est séparée de Dieu. Le salut brise le mur qui sépare l'humanité de Dieu.

… et qui a renversé le mur de séparation, l'inimitié… et de les réconcilier avec Dieu.

Éphésiens 2,14

Avant qu'un homme ne soit né de nouveau, il est éloigné de Dieu. Sa nature est essentiellement mauvaise. Il peut sembler bon de l'extérieur, mais il a essentiellement une nature corrompue et méchante. C'est pourquoi la démocratie et la primauté de la loi sont importantes. Quand un homme avec une telle nature a un pouvoir illimité, il fait beaucoup de mauvaises choses.

Dans tous les pays où il y a eu un dictateur militaire, des atrocités inimaginables ont eu lieu. Les gens sont arrêtés et se volatilisent, alors que des propriétés durement gagnées sont arbitrairement confisquées. Les histoires de torture, de brutalité et de meurtres abondent. La méchanceté en secret et en plein jour a toujours été l'ordre du jour avec les tyrans.

Un tyran est tout simplement un homme non sauvé qui a un pouvoir illimité. C'est pourquoi de nombreux gouvernements ont trois branches indépendantes : l'exécutif, le législatif et la judiciaire. Il doit y avoir une séparation des pouvoirs à cause de la méchanceté des hommes.

Comme Lord Acton (1834-1902) l'a dit dans une lettre à Mgr Mandell Creighton : « *Le pouvoir tend à corrompre et le pouvoir absolu corrompt de façon absolue* ».

La différence entre Le Christianisme et toutes les autres religions est simple. Le Christianisme affirme changer la nature essentiellement mauvaise de l'homme. Jésus fait de vous une nouvelle création. Vous devenez une créature toute nouvelle avec un cœur tout neuf. Dans l'Ancien Testament, les prophètes ont prédit que le jour viendrait où Dieu ôterait le cœur de pierre et le remplacerait par un cœur de chair.

Je vous donnerai un cœur nouveau, et je mettrai en vous un esprit nouveau ; j'ôterai de votre corps le cœur de pierre, et je vous donnerai un CŒUR DE CHAIR.

Ézéchiel 36,26

Quand un homme est en Christ, c'est une nouvelle personne. Il est régénéré. Il est né de nouveau. Quand nous parlons d'être né de nouveau, cela ne veut pas dire entrer de nouveau dans le ventre de votre mère. C'est votre esprit, votre nature intérieure qui est née de nouveau.

…ce qui est né de l'Esprit est Esprit.

Jean 3,6

Si vous prenez un cochon et le lavez, lui donnez un bain et l'habillez avec un costume de mariage, tout ce que vous avez est un cochon déguisé. Ce même porc retournera à la saleté à laquelle il est habitué, parce que c'est sa nature essentielle. Obéir à un ensemble de règles ne change pas votre cœur. Venir au Christ et naître de nouveau est ce qui donne à chaque homme la possibilité d'avoir un cœur nouveau.

Je crois de tout mon cœur que seul un changement de la nature non sauvée de l'homme peut apporter un changement dans ce monde. Les résolutions du Nouvel An et l'obéissance aux règles ne changent rien, parce que l'esprit de l'homme non sauvé est mort et désespérément méchant. Personne ne joue avec une chose morte. Les choses mortes doivent être séparées des vivants. Le seul espoir pour l'esprit humain mort et méchant est le miracle de la renaissance en Jésus Christ.

3. L'esprit d'un homme qui essauvé est juste et vraiment saint.

Quand un homme est né de nouveau, l'esprit intérieur est changé. Nous avons appris plus tôt que l'esprit non sauvé est méchant et corrompu. Qu'en est-il de la nouvelle création ? La nouvelle création est juste et vraiment sainte !

Et à revêtir l'homme nouveau, créé selon Dieu dans une JUSTICE ET UNE SAINTETE QUE PRODUIT LA VERITE.

Éphésiens 4,24

Ce passage de l'Écriture nous fait savoir que nous sommes vraiment justes quand nous sommes nés de nouveau. Dieu nous dit par là que nous devons revêtir (agir avec) l'esprit nouveau qui est créé dans la justice et la véritable sainteté. Nous allons souvent à Dieu et Lui disons des choses qui ne sont pas vraies. En essayant de paraître humble, nous disons au Seigneur que nous sommes pécheurs et que nous ne sommes pas dignes d'approcher Son trône. Mais c'est une insulte à la nouvelle création. Il est temps que vous reconnaissiez ce que Dieu a fait à votre cœur. La Bible dit que nous sommes la justice de Dieu en Jésus Christ.

Celui qui n'a point connu le péché, il l'a fait devenir péché pour nous, afin que nous devenions en lui justice de Dieu.

2 Corinthiens 5,21

Si nous sommes la justice de Dieu, cela veut dire que nous ne pouvons pas être plus justes qu'aujourd'hui. *La justice de Dieu* est la plus haute forme de pureté et de « nature sans péché ». Dieu décrit l'état de votre esprit nouveau.

Quelqu'un a dit un jour : « Je ne me sens pas différent maintenant que je suis né de nouveau ! » Cela ne concerne pas les sentiments, mais les réalités qui ont eu lieu. Pouvez-vous sentir votre foie ? Ou votre intestin grêle ? Bien sûr que non ! Mais ils existent en vous !

Si une opération a été effectuée et que votre appendice a été retiré, les médecins vous informent qu'ils ont retiré une partie de votre intestin, mais vous ne pouvez pas le sentir. Vous êtes censé accepter le fait de ce qui s'est passé dans votre abdomen pendant la chirurgie. Être né de nouveau est une opération spirituelle par laquelle Dieu recrée votre esprit. Il ôte le vieux cœur endurci et dépravé et le remplace par un esprit nouveau et juste.

La Bible nous enseigne à reconnaître les bonnes choses qui sont en nous parce que nous sommes chrétiens. Nous ne sommes pas censés dire des choses négatives sur nous-mêmes. Si vous dites : « Je suis une mauvaise personne », vous vous blessez. Si vous dites : « Je suis stupide ! » ou « Je suis pécheur », vous dites quelque chose qui est contraire à la Parole de Dieu. Il est temps de reconnaître les bonnes choses sur vous-même.

...en faisant reconnaître en nous toute espèce de bien en Jésus Christ.

Philémon 6

Reconnaître les bonnes choses rendra votre foi vivante. Dites-vous : « Je suis la justice de Dieu », « Je suis une nouvelle personne ! », « Je peux y arriver ! », « Je suis saint ». Ces confessions vous sortiront du péché et vous feront entrer dans une vie de sainteté réalisable. Il y a toujours quelque chose à l'intérieur qui doit marcher à l'extérieur. La justice à l'intérieur marche à l'extérieur.

Chaque chrétien né de nouveau qui vit dans le péché vit en contrariété avec sa nature nouvelle. Si vous persévérez dans le péché c'est par choix, parce que la puissance du péché est brisée et que Dieu vous a donné une nouvelle nature. Lorsque vous êtes une nouvelle créature, ce n'est plus naturel de faire le mal. C'est contraire à votre nature en tant que nouvelle création.

Avant de naître de nouveau, vous faites du mal sans même vous en apercevoir. Une fois que vous êtes sauvés, quelque chose en vous vous dit : « C'est mal ! Ne fais pas ça ! » C'est le nouvel homme qui crie de l'intérieur. La Bible dit : « Revêtez l'homme nouveau ». Agissez comme une nouvelle personne parce que vous êtes nouveau.

Je suis devenu médecin le 10 mars 1989. Le 11 mars, je ne me sentais pas différent ; en fait, je me sentais toujours étudiant. J'ai dû me dire : « Hé, t'es médecin maintenant. Agis comme tel. Arrête d'agir en étudiant et agis comme ce que tu es vraiment ». C'est ce que Dieu dit à Ses enfants, 'créations nouvelles' : « Tu es nouveau, juste et vraiment saint. Agis comme tel et marche dans la nouveauté de la vie ».

Rappelez-vous, la justice n'est pas un sentiment. Vous ne travaillez pas pour gagner la droiture. Il est impossible de parvenir aux normes de Dieu par vos propres efforts. Aujourd'hui, si vous êtes né de nouveau, vous avez été instantanément transformé en homme nouveau et juste. Vous ne pouvez pas être plus juste que la justice de Dieu.

Vous pouvez seulement augmenter votre foi dans la justice dont vous avez hérité. Vous pouvez seulement exercer de plus en plus votre vraie nature. Quand vous serez conscient de votre justice en Christ, vous aurez de l'assurance comme un lion.

Le méchant prend la fuite sans qu'on le poursuive, le JUSTE A DE L'ASSURANCE COMME UN JEUNE LION.

Proverbes 28,1

Par la justice, vous commanderez et dominerez dans cette vie. Je vous vois dominer l'ennemi par la justice ! Je vous vois surmonter vos adversités par le don de la justice en Jésus Christ ! Levez-vous maintenant et devenez vainqueur du monde ! Vous n'êtes plus sous la condamnation.

...à plus forte raison ceux qui reçoivent l'abondance de la grâce et du DON DE LA JUSTICE RÉGNERONT-ILS dans la vie...

Romains 5,17

4. Après être né de nouveau, votre esprit est un bébé nouveau né et il doit grandir.

Quand vous êtes sauvé, quelque chose de grand arrive. Il n'y a aucun doute à ce sujet. Cependant, nous devons comprendre exactement ce qui s'est passé. Quand quelqu'un nait dans ce monde, il commence sa vie comme un bébé. Il est important qu'il grandisse jusqu'à l'âge adulte.

Désirez, comme des enfants nouveau-nés, le lait spirituel et pur, AFIN QUE par lui VOUS CROISSIEZ.

1 Pierre 2,2

Il y a des moments où les gens se font une fausse impression du le Christianisme. L'évangéliste prêche et dit : « Ce soir, c'est votre soir ! Votre vie ne sera plus jamais la même après aujourd'hui ». Il poursuit en ajoutant : « Après ce soir, toute espèce de joug sera brisée dans votre vie ».

Il déclare : « Vous tous qui êtes fatigués devez venir à Jésus et Il vous donnera le repos ». Cela peut donner l'impression que vous devenez instantanément un chrétien mûr.

Mais ce n'est pas du tout le cas ! Naître de nouveau n'est que le début d'un long processus. Naître de nouveau est comme naître en ce monde. Vous devez passer par trois stades importants de développement. Chaque chrétien passe par ces trois stades, qu'il le sache ou non ! Le stade bébé, enfant et adulte.

Le bébé spirituel

Parlons du stade bébé. Quand un chrétien en est au stade bébé de son développement, il a toutes les caractéristiques d'un bébé naturel. Tous les bébés pleurent beaucoup. Si vous voulez savoir s'il y a un bébé dans la maison, restez à la porte et, tôt ou tard, vous en entendrez un pleurer.

Un bébé spirituel est facilement offensé. Toute personne facilement offensée est un bébé spirituel immature. Les petites choses l'offensent et il est toujours en colère à propos d'une chose ou d'une autre. Toutes les églises ont beaucoup de bébés qui sont facilement offensés. Mais la vie est pleine d'offenses, et vous devez grandir pour ne pas être facilement offensé.

Les chrétiens bébés, tout comme les bébés naturels, sont incapables de se débrouiller tous seuls ou de se contrôler eux-mêmes. Un bébé défèque n'importe quand, n'importe où et devant n'importe qui. Il n'a aucun contrôle. Un bébé spirituel est incapable de contrôler ses appétits charnels. Il continue de vivre dans le péché. Il vit selon les préceptes de sa chair et fait tout ce qu'il a envie de faire. En devenant mature, vous avez encore certains sentiments, mais vous n'y cédez pas, sauf si cela est approprié. Si vous vivez dans la drogue, la pornographie, l'immoralité et n'avez aucun contrôle sur votre chair, vous êtes alors un bébé spirituel.

Le stade enfant

Afin que NOUS NE SOYONS PLUS DES ENFANTS, FLOTTANTS ET EMPORTÉS à tout vent de doctrine…

Éphésiens 4,14

Il y a des caractéristiques importantes de l'enfance que vous devez connaître. Un enfant est instable et inconstant. Il est difficile de retenir l'attention d'un enfant pendant plus de quelques minutes. La durée d'attention d'un enfant est très courte. En raison de cela, ils sont instables et peu fiables. Chaque chrétien qui se laisse emporter par un nouvel homme de Dieu est un enfant. Si vous allez d'une église à l'autre tous les mois, vous êtes un enfant immature.

Les pasteurs ne peuvent pas garder l'attention des chrétiens au stade enfant pendant plus de quelques mois ou années. Un homme qui change constamment d'avis au sujet de qui il veut épouser est un enfant dans son cœur. Il est instable, ballotté par chaque vent de doctrine et de prophétie. Un chrétien qui quitte son église à cause d'une prophétie qui lui a été donnée par le « prophète à la mode » est tout simplement un enfant ballotté.

Il y a beaucoup de chrétiens au stade enfant dans l'Église d'aujourd'hui. Rien ne les satisfait que pour plus de quelques minutes. Au départ, ils sont excités par la bonne Parole. Après cela, ils pensent avoir besoin de prières spéciales et de l'onction. Après cela, ils sont convaincus que le bain sacré est ce qui va résoudre leurs problèmes. Rien ne semble pouvoir les satisfaire, et ils sont toujours en quête de quelque chose de nouveau.

Ils viennent à l'église pleine de louanges pour l'église et son pasteur. Après quelques mois, ils ont changé d'avis.

Un autre signe d'un chrétien au stade enfant est qu'il s'engage dans des activités enjouées, sans résultats. Il ne contribue en aucune façon à la maison. Un chrétien au stade enfant ne contribue pas à la croissance de l'église. Il n'évangélise personne et il n'invite personne.

Il n'aide pas financièrement et ne paye pas sa dîme. Posez-vous cette question : « Combien d'argent votre enfant contribue-t-il à l'entretien de votre maison ? » Rien ! Fait-il partie de votre maison ? Certainement ! Il ne fait que jouer et salir la maison, mais ne contribue en rien au niveau financier. Si vous faites partie d'une église, mais ne contribuez en rien à la croissance et à la prospérité de l'église, vous êtes un enfant qui joue et jouit gratuitement de bons sermons. Vous faites certainement partie de l'église, mais vous êtes un enfant qui ne contribue en rien !

L'âge adulte spirituel

Mais la nourriture solide est pour les hommes FAITS...

Hébreux 5,14

Quand vous atteignez le stade de maturité, vous commencez à aimer la nourriture solide de la Parole. L'étude de la Bible et l'enseignement de la Parole vous enchantent. Parce que l'église est composée de nombreux bébés et enfants, vous découvrirez que le simple enseignement de la Parole n'intéresse pas un grand nombre de chrétiens. Ils veulent quelque chose de dramatique et de spectaculaire. Les foules se rassemblent quand il y a un ministre sensationnel dans la maison.

Une personne mature comprend les choses profondes de la Parole de Dieu.

Une autre caractéristique importante d'une personne mature est qu'elle a l'expérience de la Parole de Dieu.

Or, quiconque en est au lait N'A PAS L'EXPÉRIENCE DE LA PAROLE DE JUSTICE ; car il est un enfant.

Hébreux 5,13

Quand vous acquérez l'expérience de la Parole, vous commencez à enseigner et à prêcher. Ne vous y trompez pas, tout chrétien est censé de se développer jusqu'à être capable de prêcher et d'enseigner. Ce ne sont pas seulement les pasteurs qui sont censés prêcher la Parole de Dieu. La prédication et l'enseignement est une étape de votre développement chrétien.

Vous, en effet, qui DEPUIS LONGTEMPS DEVRIEZ ÊTRE DES MAÎTRES, vous avez encore besoin qu'on vous enseigne...

Hébreux 5,12

Il y a un moment où tout chrétien doit enseigner la Parole de Dieu. Que cela soit votre objectif à partir d'aujourd'hui. Décidez d'être quelqu'un d'impliqué dans l'enseignement et la prédication de la Parole de Dieu. Tant que vous ne prêchez ni enseignez, vous n'êtes pas mature !

Comment développer votre esprit

L'intelligence se développe à l'école et au collège. On dépense des milliers de dollars pour développer l'intelligence de la race humaine. C'est ce qui explique pourquoi nous avons fait de tels progrès dans la science et la médecine. On passe aussi beaucoup de temps et on dépense beaucoup d'argent à développer le corps. Il y a des clubs de culture physique et des salles de gym partout. Les corps des hommes sont transformés en géants musclés grotesques. Mais mon cher ami, vous êtes plus qu'un corps. Vous êtes plus qu'une intelligence ! Vous êtes une intelligence vivant dans un corps et vous avez un esprit. Vous devez également développer votre esprit. La question est : « Comment pouvez-vous amener votre esprit à la maturité ? »

La première clé du développement de l'esprit humain est la Parole.

...désirez, comme des enfants nouveau-nés, LE LAIT SPIRITUEL et pur DE LA PAROLE, AFIN QUE PAR LUI VOUS CROISSIEZ pour le salut.

1 Pierre 2,2

Laissez la Parole de Dieu pénétrer votre esprit grâce à un temps de recueillement quotidien, grâce à l'étude et à la lecture de la Bible. Chaque chrétien doit avoir un temps de recueillement quotidien. J'ai un temps de recueillement avec le Seigneur chaque jour. Je profite grandement de ce temps avec le Seigneur chaque matin. Beaucoup de révélations que le Seigneur m'a données me sont venues pendant mon temps de recueillement.

Moïse gravit la montagne tôt le matin pour rencontrer le Seigneur. Il prit deux tables de pierre pour y inscrire les révélations que Dieu lui donnerait. Vous avez besoin d'un temps de recueillement comme Moïse. Passez du temps tôt le matin seul avec le Seigneur.

...Taille deux tables de pierre ... Sois prêt de bonne heure, et tu monteras dès le matin... tu te tiendras là devant moi... Que personne ne monte avec toi...

Exode 34,1-3

Un temps de recueillement pour l'étude de la Bible et la prière est la façon la plus cohérente de nourrir votre esprit. Votre esprit ne se développe pas à moins d'être nourri de la Parole de Dieu.

Une autre bonne façon d'absorber la Parole est d'écouter aux messages. La deuxième meilleure façon par laquelle j'ai nourri mon esprit au fil des ans fut d'écouter de la prédication et de regarder des services religieux.

Ainsi la foi vient de ce qu'on entend, et ce qu'on entend vient de la parole de Christ.

Romains 10,17

J'écoute de la prédication tout le temps et j'en suis béni. Dieu a donné des pasteurs et des enseignants pour perfectionner les saints. Vous pouvez recevoir la Parole à travers ces hommes oints de Dieu.

Une autre façon de développer votre esprit est de prier en langues. Chaque chrétien doit développer l'art de passer des heures en prière dans l'esprit. La Bible dit que vous vous édifiez dans la foi quand vous priez dans le Saint Esprit. Prier dans le Saint Esprit est la même chose que de prier en langues.

Pour vous, bien-aimés, VOUS ÉDIFIANT VOUS-MÊMES sur votre très sainte foi, et priant par le Saint Esprit.

Jude 20

Priez en langues une heure chaque jour. Regardez ce qui va arriver dans votre vie spirituelle au cours des trois prochains mois. La Bible nous enseigne que vous êtes spirituellement rechargé et édifié quand vous parlez en langues.

Celui qui parle en langue s'édifie lui-même...

1 Corinthiens 14,4

La Parole et la prière vous feront développer dans l'esprit et devenir un géant pour le Seigneur. Marchez dans ces deux voies de croissance spirituelle, et rien ne vous arrêtera. Je vois Dieu vous sortir de votre cachette ! Je Le vois vous placer devant des rois et des hommes éminents quand vous développez votre esprit !

5. Quand vous êtes sauvé, votre intelligence est toujours la même, elle doit être renouvelée.

Ne vous conformez pas au siècle présent, mais soyez transformés par le RENOUVELLEMENT DE

L'INTELLIGENCE, afin que vous discerniez quelle est la volonté de Dieu, ce qui est bon, agréable et parfait.

Romains 12,2

Quand vous êtes né de nouveau, c'est l'esprit qui est changé. Dieu vous donne un cœur nouveau, mais pas une intelligence nouvelle. C'est donc le devoir de chaque chrétien de renouveler son intelligence. Si vous ne renouvelez pas votre intelligence, vous serez une personne avec un esprit nouveau et une vieille intelligence. Il y a beaucoup de chrétiens qui sont de véritables créations nouvelles, mais qui ont toujours une intelligence non renouvelée.

Si vous appartenez à une bonne église qui prêche constamment et enseigne la Parole de Dieu, votre intelligence sera renouvelée. Il y a beaucoup de gens qui pensent savoir tout ce qu'il y a à savoir sur la Parole de Dieu. Personne ne sait tout !

Chaque chrétien doit décider de constamment continuer à apprendre la Parole de Dieu. Il ne doit jamais cesser d'apprendre. Vous découvrirez toujours des choses que vous ne connaissez pas. Il y a des années, j'ai entendu un pasteur donner un témoignage de sa vie. Il a parlé de la façon dont il fut né de nouveau. Avant d'être sauvé, il était pornographe de profession. Cela veut dire qu'il jouait dans des films pornographiques et posait pour des photos pornographiques. Le sexe était son travail et il n'y voyait rien de mal.

Il nous dit un jour : « Quand je suis né de nouveau, j'ai continué à vivre dans la fornication ».

« Je couchais avec toutes les filles et je n'y voyais pas de mal. Il ne m'est jamais venu à l'esprit qu'il y avait quelque chose de mal dans le fait de coucher avec quelqu'un que vous n'aviez pas épousé ».

Il poursuivit : « Je pensais être une personne aimante pour de nombreuses filles. Après tout, l'amour est un commandement de Dieu ».

Une nuit, il était au lit avec l'une de ces nombreuses filles. Tout d'un coup, une énorme forme noire est apparue au pied de son lit et il s'est réveillé dans une grande frayeur. Il était terrifié et se dit : « Quelque chose ne va pas ! »

Le lendemain, il décida de lire la Bible et il découvrit où la Parole de Dieu dit que la fornication est mauvaise. Croyez-le ou non, cet homme était né de nouveau, mais à cause de son passé, il ne savait même pas que la fornication était un péché.

Il se pourrait qu'en raison de votre passé, vous ne soyez même pas conscient que certaines choses sont des péchés. Je connais beaucoup de chrétiens qui ont des préjugés ou sont racistes. Il y a même des pasteurs qui sont racistes dans leurs pensées et leurs décisions. Sans même nous en rendre compte, nous continuons à faire de mauvaises choses, même si nous sommes véritablement nés de nouveau dans notre cœur. C'est pourquoi nous avons besoin que la Parole de Dieu renouvelle notre intelligence.

…Soyez transformés par le RENOUVELLEMENT DE L'INTELLIGENCE…

Romains 12,2

C'est en fait le renouvellement de l'intelligence qui conduit à une transformation visible.

Quand je suis devenu chrétien, je pensais que Dieu voulait que nous soyons pauvres. D'une certaine manière, mon expérience m'avait appris que la pauvreté était plus juste que la prospérité. Si vous lisez la Bible, votre intelligence sera renouvelée et votre attitude changera. La transformation vient avec le renouvellement de l'intelligence. Le véritable changement que nous voyons chez les chrétiens passe par un renouvellement de l'intelligence par la Parole de Dieu.

Considérez votre intelligence comme un ordinateur qui doit être programmé. Ce que vous alimentez l'intelligence, c'est ce qui va en sortir.

Il y a beaucoup de chrétiens qui ne paient pas la dîme, tout simplement parce que leur intelligence est polluée d'idées fausses.

Certains pensent que de telles choses ne sont pas nécessaires. Certains pensent que les pasteurs utilisent simplement l'argent pour leur style de vie extravagant. Cependant, tout chrétien qui a renouvelé son intelligence se trouvera transformé dans le domaine de ses finances.

Même si vous êtes né de nouveau, votre intelligence est toujours la même. Elle *doit* être renouvelée par la Parole de Dieu. Elle doit être reprogrammée. C'est un ordinateur qui doit être reprogrammé.

6. *Quand vous êtes sauvé, votre corps est toujours le même, et vous devez l'assujettir.*

Quand vous êtes sauvé, vous devez savoir que votre corps est le même vieux corps. Quand vous êtes une nouvelle création, vous ne changez pas physiquement ! Si vous étiez grand et maigre avant le salut, vous serez toujours grand et maigre après le salut. Si vous aviez les cheveux longs avant de naître de nouveau, vous aurez toujours les cheveux longs après le salut. Qu'est-ce que cela veut dire ? Est-ce que cela veut dire que rien ne vous est arrivé ? Pas du tout !

Votre corps est le même, même si vous êtes né de nouveau. Vous devez comprendre ce fait très important.

Quand les gens donnent leur vie au Christ, ils croient que tout va être différent, comme le prédicateur l'a dit. Cependant, quand ils rentrent chez eux, ils commencent à ressentir ce qu'ils ressentaient avant le salut. Ils font l'expérience de convoitises et de craintes dans leur corps.

Parce qu'ils sont nouvellement nés de nouveau, le diable leur ment et leur dit : « Vous n'êtes pas un vrai chrétien ». « Vous ne pouvez pas naître de nouveau ! »

Satan continue de les harceler et de leur dire : « Si vous étiez vraiment né de nouveau, vous n'auriez jamais de telles pensées ni de tels sentiments ».

Le diable leur dit : « Aucun des chrétiens assis dans cette église n'a le genre de pensées que vous avez ».

Mais c'est un mensonge ! Quiconque est né de nouveau doit toujours combattre la chair. Paul était inquiet au sujet de sa chair. Il savait que son corps était toujours le même. Il savait que sa chair pourrait lui faire honte un jour, et il dit : « J'assujettis ma chair ».

Mais JE TRAITE DUREMENT MON CORPS et je le tiens assujetti, de peur d'être moi-même rejeté, après avoir prêché aux autres.

1 Corinthiens 9,27

Paul est celui qui a eu une révélation personnelle de Jésus Christ ! Paul a écrit la moitié du Nouveau Testament ! Paul a eu tellement de visions et révélations de Jésus Christ ! Très peu de gens ont eu de telles expériences spirituelles. Paul fut l'un des plus grands apôtres, avec des signes et des prodiges qui l'ont suivi. Il a ressuscité les morts et les morsures de serpents n'avaient aucun effet sur lui !

Et pourtant, ce grand homme était inquiet au sujet de sa chair. Il sentait que sa chair pourrait lui faire honte à tout moment. C'est pourquoi il assujettissait constamment sa chair. Remarquez ce qu'il a dit dans la Lettre aux Romains. Il a déclaré qu'il n'y avait rien de bon dans sa chair. Même s'il était né de nouveau, sa chair (son corps) est toujours la même.

Ce qui est bon, je le sais, n'habite pas en moi, c'est-à-dire dans ma chair.

Romains 7,18

Qui que vous soyez, vous avez toujours un corps à assujettir. Avez-vous déjà vu un esprit fumer ou boire de l'alcool ? Sûrement pas ! Les esprits ne fument pas ! C'est la chair qui boit et fume ! Avez-vous déjà vu un esprit commettre la fornication ? Sûrement pas ! C'est la chair qui fait toutes ces choses mauvaises ! C'est pourquoi la Bible nous enseigne à offrir nos corps en sacrifice vivant.

Les œuvres de la chair sont énumérées au chapitre cinq de la Lettre aux Galates.

Or, les œuvres de la chair sont manifestes, ce sont l'impudicité, l'impureté, la dissolution, l'idolâtrie, la magie, les inimitiés, les querelles, les jalousies, les animosités, les disputes, les divisions, les sectes, l'envie, l'ivrognerie, les excès de table, et les choses semblables. Je vous dis d'avance, comme je l'ai déjà dit...

Galates 5,19-21

Ces œuvres ne sont pas les œuvres de Satan ni des mauvais esprits. Ce sont les œuvres de la chair. Regardez de nouveau la liste. L'adultère, la fornication, la magie, la haine, la colère, le meurtre, l'ivresse, l'envie, et la liste continue.

Rappelez-vous, ce ne sont pas les œuvres de la chair des « non-croyants ». Ce sont les œuvres de la chair. Avez-vous de la chair ? Bien sûr que oui ! Vous avez un corps et moi aussi. Cela veut dire que vous et moi sommes capables de cette liste d'actes horribles ! La chair est un véritable fardeau auquel nous sommes aux prises toute notre vie.

Un jour, quand Jésus reviendra, nous serons changés. Notre corps sera transformé en corps immortel et incorruptible. Nous ne serons plus capables de commettre le péché.

...Nous ne mourrons pas tous, mais tous nous serons changés... La trompette sonnera, et les morts ressusciteront incorruptibles, et nous, nous serons changés. Car il faut que ce corps corruptible revête l'incorruptibilité, et que ce corps mortel revête l'immortalité.

1 Corinthiens 15,51-53

Un jour, je suis allé rendre visite à l'un de mes amis. C'était un pécheur endurci, naître de nouveau ne l'intéressait pas. Je me suis assis avec lui dans sa chambre et nous avons bavardé pendant de nombreuses heures. À un moment donné, l'Esprit Saint me fournit l'occasion de témoigner du Christ devant lui. Ce fut son jour de salut. Pour la première fois, il m'écoutait alors que je lui prêchais. Quand j'ai eu fini, il m'a demandé : « Que dois-je faire ? »

J'ai dit : « Prions, et je vais te conduire au Seigneur ».

Après que je l'aie conduit dans la prière du pécheur, il m'a regardé et m'a dit : « Dag, je te remercie beaucoup. Je me sens changé ».

Alors j'ai pensé : « Si j'ai pu mener mon ami au Seigneur, pourquoi ne puis-je pas l'amener à recevoir le baptême du Saint Esprit ? » J'ai décidé de faire exactement cela. Je lui ai imposé les mains, et à ma grande surprise, il a reçu l'Esprit Saint et a commencé à parler couramment en langues.

Soudain, quelque chose d'autre s'est produit. Quand je le touchai, il fut « touché par l'Esprit » et tomba sur son lit. Il continua de parler en langues pendant un certain temps. Après environ une heure, j'ai décidé de partir et de revenir le voir plus tard.

Environ cinq heures plus tard, je suis retourné lui rendre visite. Quand je suis arrivé à la porte, sa sœur me dit qu'elle ne pensait pas qu'il était à la maison. Mais je suis allé quand même à son appartement. Quand j'y suis arrivé, quelque chose me dit de faire une pause à la porte avant d'entrer. Je me tins à la porte, et qu'est-ce que j'entendis ? Mon nouveau converti était en train de faire l'amour à une petite amie dans sa chambre. J'étais abasourdi !

Moins de cinq heures avant, cet homme avait reçu Christ et était glorieusement rempli du Saint Esprit. J'ai personnellement exercé mon ministère envers lui et je l'ai vu parler en langues et être « touché par l'Esprit ». Comment pourrait-il retourner si rapidement à la fornication ? Je me suis demandé : « Est-ce que cet homme est vraiment né de nouveau ? » Est-ce que le fait de naître de nouveau a un effet sur une personne ? La réponse est : « Oui, il a un effet ! »

Si jamais il y a quelqu'un qui est né de nouveau et qui a été rempli du Saint Esprit, c'est bien mon ami. La réalité est que le corps était toujours le même et était capable de commettre tous les péchés de la chair. Ne l'oubliez jamais ! Même si vous êtes né de nouveau, votre chair est toujours la même ; vous devez la maîtriser, sinon elle vous conduira au péché.

Maîtriser votre chair

Il existe des moyens pratiques pour maîtriser votre corps. Tout d'abord, soyez conscient du mal potentiel qui est dans votre chair. Jeûnez chaque semaine. Ne donnez pas d'occasions à votre chair.

...seulement ne faites pas de cette liberté un prétexte de vivre selon la chair...

Galates 5,13

La raison pour laquelle les pensionnats ont des maisons séparées pour les garçons et les filles est que les autorités scolaires ne veulent pas donner d'occasion à la chair. Si vous vous exposez à certaines choses, vous allez tomber. Si je m'expose à certaines choses, je vais tomber. Ce qu'il nous faut, c'est la sagesse, pour nous aider à maîtriser notre chair jusqu'à la mort.

7. *Après être né de nouveau, votre intelligence est toujours ouverte à toutes sortes de pensées ; vous devez apprendre à penser aux bonnes choses.*

Vous pouvez être un chrétien né de nouveau. Vous pouvez assujettir votre corps. Vous pouvez régulièrement renouveler votre intelligence par la Parole de Dieu. Mais cela ne ferme pas votre intelligence aux attaques du diable. Votre intelligence est toujours ouverte à toutes sortes de pensées du diable.

Quand Satan a attaqué Jésus, il a attaqué son intelligence. Le diable a fait appel à son intelligence. Le diable fera toujours appel à votre intelligence. La Bible nous enseigne que nous devons rejeter les imaginations.

Nous renversons les raisonnements et toute hauteur qui s'élève contre la connaissance de Dieu, et nous amenons toute pensée captive à l'obéissance de Christ.

2 Corinthiens 10,5

Souvenez-vous de cette vérité : votre esprit est le champ de bataille. L'outil le plus puissant de Satan est la suggestion. Jésus fut tenté par la voie de Ses pensées. Le fait que vous êtes chrétien ne veut pas dire que vous n'aurez que de bonnes pensées. Une pensée est comme un oiseau qui vole au-dessus de votre tête. Il peut atterrir sur votre tête, mais il ne doit pas être autorisé à y faire un nid.

Quand des pensées impies vous viennent, résistez-leur immédiatement. Ne soyez pas surpris quand des choses scandaleuses vous arrivent. C'est la lutte de chaque chrétien né de nouveau : garder votre esprit pur à tout moment. Certains chrétiens sont harcelés par la peur et l'inquiétude. La peur est l'une des terribles pensées du diable.

Pendant que je travaillais à l'hôpital comme étudiant en médecine, je me souviens avoir vu de nombreux jeunes patients mourir. J'ai commencé à réfléchir à leur situation et un esprit de crainte m'opprimait. Les pensées étaient si accablantes que je devais dormir pour oublier ce que à quoi je pensais. Je me suis vu plusieurs fois malade et mourant de la même maladie. J'imaginais mon enterrement et ce à quoi je ressemblerais dans le cercueil. Je pensais à tous ceux qui assisteraient à mon enterrement et je réfléchissais à chaque détail dans mon esprit. J'étais vraiment opprimé par les mauvaises pensées de peur qui ravageaient mon esprit.

Mon cher ami, la peur est un esprit oppressif à l'œuvre dans l'esprit. Que ce soit l'inquiétude, la peur, ou la convoitise, vous devez apprendre à rejeter les imaginations. Vous devez apprendre à capturer vos pensées et à les rendre obéissantes à la Parole de Dieu. Vous devez résister au diable.

…et nous amenons toute pensée captive à l'obéissance de Christ.

2 Corinthiens 10,5

Vous devez résister au diable dans votre vie. Quand la Parole de Dieu dit que vous devez résister au diable, cela veut dire que vous devez résister aux pensées et suggestions qui viennent de la fosse de l'Enfer.

La Bible nous dit exactement ce qu'il faut penser. Elle nous dit de penser à des choses qui sont pures, saintes et paisibles.

Au reste, frères, que tout ce qui est vrai, tout ce qui est honorable, tout ce qui est juste, tout ce qui est pur, tout ce qui est aimable, tout ce qui mérite l'approbation, ce qui est vertueux et digne de louange, soit l'objet de vos pensées.

Philippiens 4,8

Contrôler vos pensées

L'une des meilleures façons de contrôler vos pensées est d'écouter la prédication. La musique chrétienne et les vidéos sont de bons outils pour aider à contrôler vos pensées. Ne donnez pas accès au diable ! Vous donnez accès au diable quand vous laissez les mauvaises pensées s'installer dans votre esprit. Elles vous opprimeront et vous obsèderont jusqu'à ce que vous soyez possédés.

Vous devez grandir dans votre compréhension du salut à travers ces sept grands principes. À travers tous, vous acquerrez de l'intelligence. La sagesse est la chose principale. Ceux qui comprennent ce qui se passe sont ceux qui remporteront la victoire de Dieu.

Chapitre 4

Que vous arrivera-t-il quand vous mourrez ?

Il y avait un homme riche, qui était vêtu de pourpre et de fin lin, et qui chaque jour menait joyeuse et brillante vie.

Un pauvre, nommé Lazare, était couché à sa porte, couvert d'ulcères, et désireux de se rassasier des miettes qui tombaient de la table du riche ; et même les chiens venaient encore lécher ses ulcères.

Le pauvre mourut, et il fut porté par les anges dans le sein d'Abraham. Le riche mourut aussi, et il fut enseveli.

Dans le séjour des morts, il leva les yeux ; et, tandis qu'il était en proie aux tourments, il vit de loin Abraham, et Lazare dans son sein. Il s'écria : Père Abraham, aie pitié de moi, et envoie Lazare, pour qu'il trempe le bout de son doigt dans l'eau et me rafraîchisse la langue ; car je souffre cruellement dans cette flamme.

Abraham répondit : Mon enfant, souviens-toi que tu as reçu tes biens pendant ta vie, et que Lazare a eu les maux pendant la sienne ; maintenant il est ici consolé, et toi, tu souffres. D'ailleurs, il y a entre nous et vous un grand abîme, afin que ceux qui voudraient passer d'ici vers vous, ou de là vers nous, ne puissent le faire.

Le riche dit : Je te prie donc, père Abraham, d'envoyer Lazare dans la maison de mon père ; car j'ai cinq frères. C'est pour qu'il leur atteste ces choses, afin qu'ils ne viennent pas aussi dans ce lieu de tourments.

Abraham répondit : Ils ont Moïse et les prophètes ; qu'ils les écoutent.

Et il dit : Non, père Abraham, mais si quelqu'un des morts va vers eux, ils se repentiront.

Et Abraham lui dit : S'ils n'écoutent pas Moïse et les prophètes, ils ne se laisseront pas persuader quand même quelqu'un des morts ressusciterait.

Luc 16,19-31

L'une des questions les plus importantes à vous poser est : « *Que m'arrivera-t-il quand je mourrai ?* » C'est une question à laquelle les professeurs d'université ou les enseignants à l'école ne peuvent pas facilement répondre. Il n'y a pas de manuels scolaires qui répondent courageusement et adéquatement à la question de ce qui arrive à un homme quand il meurt.

La Bible est le seul livre qui réponde avec confiance à cette question controversée et difficile.

Les riches et les pauvres mourront. La Bible déclare qu'il y aura un jugement après la mort. Les riches sont susceptibles de vivre plus longtemps que les pauvres. Cependant, tous finiront par mourir. La mort est le 'niveleur' entre les riches et les pauvres.

Quinze choses qui arriveront quand vous mourrez

1. **Quand vous mourrez, vous irez soit au Ciel soit en Enfer.** Le riche alla en Enfer et Lazare alla au Ciel. Vous ne cesserez pas seulement d'exister. Vous n'êtes pas seulement transformé en un morceau de viande. Vous vous dirigerez vers une destination permanente loin de cette terre – le Ciel ou l'Enfer.

Le pauvre mourut, et il fut porté par les anges dans le sein d'Abraham. Le riche mourut aussi, et il fut enseveli. Dans le séjour des morts, il leva les yeux ; et, tandis qu'il était en proie aux tourments, il vit de loin Abraham, et Lazare dans son sein.

Luc 16, 22-23

2. **Si vous allez au Ciel quand vous mourrez, les anges viendront vous escorter et vous transporter loin de cette terre en présence de Dieu.** C'est ce qui arriva à Lazare, et je ne m'attends à rien de moins qu'à une escorte angélique semblable, pour chacun d'entre nous qui connaissons le Seigneur.

Le pauvre mourut, et il fut porté par les anges dans le sein d'Abraham.

Luc 16,22

3. **Si vous allez en Enfer quand vous mourrez, vous serez accueillis à votre arrivée par des esprits mauvais et d'autres morts.** Ce sera l'une des expériences les plus désagréables de votre vie : votre arrivée dans la demeure permanente des ténèbres, des démons et des méchants êtres déchus.

Le séjour des morts s'émeut jusque dans ses PROFONDEURS, pour t'accueillir à ton arrivée ; Il réveille devant toi les ombres, tous les grands de la terre, Il fait lever de leurs trônes tous les rois des nations.

Ésaïe 14,9

4. **Quand vous mourrez, vous irez vers le bas si vous allez en Enfer. L'Enfer est au-dessous de nous.** L'Enfer est sous nos pieds. L'Écriture dit : « Le séjour des morts s'émeut jusque dans ses PROFONDEURS... ». C'est pourquoi le riche dut lever les yeux pour voir de loin Abraham. Le riche était en bas ; c'est pourquoi il dut lever les yeux pour voir Lazare.

Le pauvre mourut, et il fut porté par les anges dans le sein d'Abraham. Le riche mourut aussi, et il fut enseveli. Dans le séjour des morts, il LEVA les yeux ; et, tandis qu'il était en proie aux tourments, il vit de loin Abraham, et Lazare dans son sein.

Luc 16,22-23

5. **Quand vous mourrez, vous découvrirez que vous avez un corps spirituel d'homme, que la Bible appelle l'homme intérieur.** Quand Jésus raconta l'histoire de Lazare, il fit référence à différentes parties du corps tels que la langue, le doigt et les yeux. Il est évident qu'il y a un autre homme à l'intérieur. Cet homme intérieur vivra pour toujours, soit au Ciel soit en Enfer.

Il s'écria : Père Abraham, aie pitié de moi, et envoie Lazare, pour qu'il trempe le bout de son doigt dans l'eau et me rafraîchisse la langue ; car je souffre cruellement dans cette flamme.

Luc 16,24

6. **Si vous allez en Enfer quand vous mourrez, vous vous retrouverez dans une prison où il y a une détresse inimaginable INFINIE et des tourments d'intolérable agonie.** L'infini de l'agonie de l'Enfer est représenté par le ver qui ne meurt pas et le feu qui ne s'éteint pas.

Si ta main est pour toi une occasion de chute, coupe-la ; mieux vaut pour toi entrer manchot dans la vie, que d'avoir les deux mains et d'aller dans la géhenne, où leur ver NE MEURT POINT, et où le feu ne s'éteint point.

Marc 9,43-44.48

7. **Si vous allez en Enfer quand vous mourrez, vous découvrirez un endroit où les gens crient et pleurent pour une goutte d'eau.** Personne ne demande une bouteille d'eau en Enfer. Personne ne demande si l'eau est froide ou non. Personne ne demande de la glace. Personne ne demande même un petit verre d'eau. Juste une goutte d'eau ferait toute la différence en Enfer. Honnêtement, je ne peux pas imaginer quel genre de lieu est l'Enfer.

Il s'écria : « Père Abraham, aie pitié de moi, et envoie Lazare, pour qu'il trempe le bout de son doigt dans l'eau et me rafraîchisse la langue ; car je souffre cruellement dans cette flamme. »

Luc 16,24

8. **Si vous allez en Enfer quand vous mourrez, vous découvrirez un lieu d'angoisse et de tourments incroyable et indescriptible.**

   Il s'écria : « Père Abraham, aie pitié de moi, et envoie Lazare, pour qu'il trempe le bout de son doigt dans l'eau et me rafraîchisse la langue ; car je souffre cruellement dans cette flamme ».

   Luc 16, 24

9. **Quand vous mourrez, vous découvrirez que beaucoup de ceux qui ont reçu de bonnes choses sur terre recevront de mauvaises choses en Enfer, et que beaucoup de ceux qui ont reçu de mauvaises choses sur terre recevront de bonnes choses au Ciel.**

   Beaucoup de ceux qui ont souffert sur terre recevront de bonnes choses, et beaucoup de ceux qui ont reçu de mauvaises choses sur terre recevront de bonnes choses au Ciel.

   Abraham répondit : Mon enfant, souviens-toi que tu as reçu tes biens pendant ta vie, et que Lazare a eu les maux pendant la sienne ; maintenant il est ici consolé, et toi, tu souffres.

   Luc 16, 25

10. **Quand vous mourrez, vous découvrirez que les premiers seront les derniers et que les derniers seront les premiers.**

    Au Ciel, le pauvre était dans un meilleur endroit que le riche. Il y avait un renversement complet de situation. Le riche était en bas, en bas, en bas. Le riche était impuissant. Le riche souffrait. Le riche avait besoin d'eau. Le riche avait besoin d'aide. Le riche criait de douleur et de besoin.

    Vous souvenez-vous que toutes ces choses étaient arrivées au pauvre sur terre ? Sur terre, le pauvre était en bas, en bas, en bas ; il avait besoin d'aide et d'eau. Sur terre, le pauvre était impuissant alors qu'il souffrait et pleurait de douleur à cause de ses plaies.

Les paroles de Jésus se réaliseront avec une précision effrayante, rendant insensées toutes les choses auxquelles nous avons attaché de la valeur sur terre.

Abraham répondit : Mon enfant, souviens-toi que tu as reçu tes biens pendant ta vie, et que Lazare a eu les maux pendant la sienne ; maintenant il est ici consolé, et toi, tu souffres.

Luc 16, 25

11. Quand vous mourrez, votre situation changera radicalement.

Si vous étiez un riche qui avait l'habitude d'envoyer des gens faire des courses, vous ne pourrez plus faire cela. Dans l'histoire que Jésus a raconté, le riche essaya d'envoyer le pauvre Lazare faire une course, mais il en fut empêché. Les choses avaient changé, et les riches n'avaient plus le droit de faire ce qu'ils voulaient. Quel changement radical de situation !

Il s'écria : « Père Abraham, aie pitié de moi, et ENVOIE LAZARE, pour qu'il trempe le bout de son doigt dans l'eau et me rafraîchisse la langue ; car je souffre cruellement dans cette flamme. »

Luc 16, 24

12. Quand vous mourrez, vous vous souviendrez de tout ce qui est arrivé sur terre.

Vous vous souviendrez des occasions que vous avez eues. Vous vous souviendrez des messages que vous avez entendus. Vous vous souviendrez de vos péchés, et vous vous souviendrez des appels à l'autel auxquels vous n'avez pas répondu. Vous souhaiterez avoir vécu votre vie avec la réalité du Ciel et de l'Enfer toujours présente dans votre cœur.

Abraham répondit : Mon enfant, souviens-toi que tu as reçu tes biens pendant ta vie, et que Lazare a eu les maux pendant la sienne ; maintenant il est ici consolé, et toi, tu souffres.

Luc 16,25

13. Quand vous mourrez, vous découvrirez qu'il y a un grand abîme entre le Ciel et l'Enfer.

Les gens ne peuvent pas aller de l'Enfer au Ciel, quels qu'ils soient et peu importe combien d'argent ils avaient sur terre. Si vous voulez traverser, vous devez traverser maintenant, parce que vous ne pourrez pas traverser quand vous mourrez. Cette réalité sera difficile pour ceux ont l'habitude de se servir de leurs connexions et amis en haut lieu pour obtenir ce qu'ils veulent. Il n'y aura personne en haut lieu à contacter.

L'un de mes enfants eut le privilège d'aller dans une prestigieuse école au Ghana. Cette école avait à l'origine la capacité de seulement deux cent cinquante enfants, mais elle fut agrandie pour accueillir mille cinq cents enfants. Après que l'école ait admis les nouveaux arrivants vraiment qualifiés, d'autres étudiants furent mystérieusement ajoutés chaque jour à la population. Mon enfant me raconta comment un nouvel élève arrivait à l'école chaque jour. Tout le monde à l'école savait que c'étaient des enfants connectés aux riches et aux puissants de la société ghanéenne.

Ceux qui vivent dans le monde africain sont tellement habitués à faire des choses grâce à des « connexions » - qui vous connaissez. La réalité du Ciel et de l'Enfer sera un grand choc pour cette culture africaine. Les gens ne seront pas transférés de l'Enfer au Ciel chaque semaine grâce à ceux qu'ils connaissent. Le salut se fera par le sang de Jésus et non par « les gens que vous connaissez ».

D'ailleurs, il y a entre nous et vous un grand abîme, afin que ceux qui voudraient passer d'ici vers vous, ou de là vers nous, ne puissent le faire.

Luc 16, 26

14. Quand vous mourrez, vous découvrirez l'importance des évangélistes qui vont partout dans le monde entier prêcher l'Évangile.

Vous apprécierez la valeur des croisades évangéliques, des petits déjeuners d'évangélisation, des concerts de l'évangile, de la littérature chrétienne, des brochures et des programmes de sensibilisation à la télévision chrétienne. Vous souhaiterez qu'il y ait eu plus de ces prédicateurs facilement critiqués. Vous souhaiterez avaler tous les mots de critique que vous avez déjà prononcés contre les pasteurs et les évangélistes.

Le riche dit : Je te prie donc, père Abraham, d'envoyer Lazare dans la maison de mon père ; car j'ai cinq frères. C'est pour qu'il leur atteste ces choses, afin qu'ils ne viennent pas aussi dans ce lieu de tourments. Abraham répondit : Ils ont Moïse et les prophètes ; qu'ils les écoutent. Et il dit : Non, père Abraham, mais si quelqu'un des morts va vers eux, ils se repentiront.

Luc 16, 27-30

15. **Quand vous mourrez, vous ne se soucierez que des gens n'allant pas en Enfer.**

Vous ne vous soucierez ni de votre argent ni de vos biens. La plupart des ministres de l'Évangile n'ont pas autant d'énergie pour gagner les âmes que le riche en Enfer. Si vous êtes né de nouveau quand vous mourrez, vous serez heureux que Jésus Christ soit venu mourir sur la croix pour verser Son sang pour vous. Vous serez heureux que Dieu ait tant aimé le monde qu'Il ait donné Son fils unique afin que quiconque croit en Lui ne périsse pas mais ait la vie éternelle.

Le riche dit : Je te prie donc, père Abraham, d'envoyer Lazare dans la maison de mon père ; car j'ai cinq frères. C'est pour qu'il leur atteste ces choses, afin qu'ils ne viennent pas aussi dans ce lieu de tourments.

Luc 16, 27-28

Chapitre 5

Quel genre de personne est en Enfer aujourd'hui

Le bottin mondain de n'importe quelle communauté parle des personnalités marquantes ou des gens importants de cette communauté, de cette profession ou de ce groupe. Nous voulons maintenant consulter le bottin mondain des personnalités marquantes de la communauté des ténèbres extérieures. En d'autres termes, qui exactement sera en Enfer ?

1. De nombreux riches seront en Enfer.

> ...LE RICHE MOURUT AUSSI, et il fut enseveli. DANS LE SÉJOUR DES MORTS, IL LEVA LES YEUX ; et, tandis qu'il était en proie aux tourments, il vit de loin Abraham, et Lazare dans son sein.
>
> Luc 16,22-23

Christ est mort pour vous sauver et pour que vous ne périssiez pas en Enfer. Un lieu est rendu intolérable par le type de personnes qui s'y trouvent. Le caractère de l'Enfer est intolérable par la présence des hommes les plus méchants qui aient jamais existé, ainsi que la présence d'esprits mauvais, du faux prophète, du dragon et des anges déchus.

Le faux politicien

Je me souviens d'un riche politicien d'un certain pays qui alla en prison pour divers crimes. Quand il entra en prison, il fut si effrayé par le genre de personnes qui s'y trouvaient, qu'il fit immédiatement semblant d'être malade et demanda à être admis à l'hôpital.

Dans ce pays, si vous aviez assez d'argent, vous pourriez payer pour être dans un hôpital hors de la prison. Ce riche continua de payer des milliers de dollars pour rester hors de la prison effrayante. En fin de compte, son argent s'épuisa et il dut retourner et affronter les personnes en prison. Avec un peu de chance ce riche purgera sa peine et sortira de prison. Mais il y a une prison dont on ne peut jamais sortir. C'est le sort de beaucoup de riches qui descendent aux Enfers sans possibilité de libération conditionnelle. Ils sont choqués de découvrir qu'ils sont descendus dans une fosse horrible, où habitent les hommes les plus mauvais qui aient jamais vécu ! La Bible nous dit que le riche alla en Enfer.

2. Les méchants seront en Enfer.

LES MÉCHANTS SE TOURNENT VERS LE SÉJOUR DES MORTS, toutes les nations qui oublient Dieu.

Psaume 9,18

Le prisonnier effrayé

Un jour, après ma prédication, un homme s'approcha de moi et se présenta comme ancien détenu. Il décrivit comment il avait passé les quinze dernières années en prison. Comme il me parlait, je me rendis compte combien il était nerveux et agité ; il jetait des regards furtifs par-dessus son épaule à chaque instant.

À un moment donné, je lui demandai ce qui n'allait pas. Il s'excusa pour son attitude inhabituellement agitée et nerveuse. Il expliqua : « J'ai toujours peur, parce que je pense que quelqu'un va m'attaquer par derrière. J'avais vingt ans quand je suis allé en prison, et j'ai maintenant trente-cinq ans ».

Il poursuivit : « En prison, il y avait tellement de meurtriers et de violeurs. Vous êtes toujours en danger d'être attaqué par derrière. C'est pourquoi je suis si nerveux ».

C'est ce qui rend la prison effrayante. J'ai commencé à comprendre ce que veut dire être en prison. Je comprenais même mieux ce que veut dire aller en Enfer et être enfermé avec des personnages effrayants comme des sorcières, des magiciens et des meurtriers. L'Enfer est un endroit à éviter à tout prix.

3. Ceux qui oublient Dieu et ceux qui ne reconnaissent pas Dieu seront en Enfer.

Les méchants se tournent vers le séjour des morts, TOUTES LES NATIONS QUI OUBLIENT DIEU.

Psaume 9,18

Beaucoup de gens ont mis Dieu hors de leurs vies et de leurs carrières. Ils ont oublié qu'il y a un Dieu quelque part. Beaucoup de gens en Europe croient que Dieu n'existe pas. Ils ne croient pas en Dieu, ils ne prient pas Dieu et ils ne vont plus à l'église. Ils peuvent faire de bonnes actions et financer des programmes humanitaires énormes, mais ils seront transformés en Enfer, parce qu'ils ont oublié qu'il y a un Dieu. Celui qui dit en son cœur que Dieu n'existe pas est insensé.

Vous remarquerez comment certains politiciens ne reconnaissent pas Dieu quand ils gagnent les élections. Ils oublient Dieu et ne Le reconnaissent pas. Ils peuvent reconnaître leur femme, leurs enfants et leurs chiens, mais ils oublient de reconnaître Dieu. C'est très dangereux, car ils oublient que Dieu se transformera en Enfer.

L'insensé dit en son cœur : *Il n'y a* point de Dieu ! Ils se sont corrompus, ils ont commis des actions abominables ; *Il n'en* est aucun qui fasse le bien.

Psaume 14,1

Comme ils NE SE SONT PAS SOUCIÉS DE CONNAÎTRE DIEU, Dieu les a livrés à leur sens réprouvé, pour commettre des choses indignes, étant remplis de toute espèce d'injustice, de méchanceté, de cupidité, de malice ; pleins d'envie, de meurtre, de querelle, de ruse, de malignité ; rapporteurs, médisants, impies, arrogants, hautains, fanfarons, ingénieux au mal, rebelles à leurs parents, dépourvus d'intelligence, de loyauté, d'affection naturelle, de miséricorde.

Et, bien qu'ils connaissent le jugement de Dieu, DÉCLARANT DIGNES DE MORT CEUX QUI

COMMETTENT DE TELLES CHOSES, non seulement ils les font, mais ils approuvent ceux qui les font.

Romains 1,28-32

4. Les pompeux, les puissants, les fiers et les grands de la terre seront en Enfer.

LE SÉJOUR DES MORTS S'ÉMEUT JUSQUE DANS SES PROFONDEURS, POUR T'ACCUEILLIR à ton arrivée ; Il réveille devant toi les ombres, tous LES GRANDS DE LA TERRE, Il fait lever de leurs trônes tous les rois des nations.

Tous prennent la parole pour te dire : Toi aussi, tu es sans force comme nous, tu es devenu semblable à nous !

TA MAGNIFICENCE EST DESCENDUE dans le séjour des morts, avec le son de tes luths ; sous toi est une couche de vers, et les vers sont ta couverture.

Ésaïe 14,9-11

Les grands manitous de la terre s'entasseront eux-mêmes dans les lieux ténébreux de l'Enfer. La Bible parle des grands de la terre. La Bible décrit comment leur luxe et leurs ostentations ramenées à rien. Malheureusement, ce sera le sort des séducteurs et des extravagants de la terre.

5. La bête sera en Enfer.

Et LA BÊTE fut prise, et avec elle le faux prophète, qui avait fait devant elle les prodiges par lesquels il avait séduit ceux qui avaient pris la marque de la bête et adoré son image. Ils furent tous les deux JETÉS VIVANTS DANS L'ÉTANG ARDENT DE FEU et de soufre.

Apocalypse 19,20

La bête, qui est l'antéchrist et l'homme le plus mauvais qui ait jamais existé, se trouvera également parmi la communauté de l'Enfer. Elle y aura sa place pour toujours, et tous ceux qui vont en Enfer devront l'affronter.

6. Le faux prophète sera en Enfer.

Et la bête fut prise, et avec elle LE FAUX PROPHÈTE, qui avait fait devant elle les prodiges par lesquels il avait séduit ceux qui avaient pris la marque de la bête et adoré son image. Ils furent tous les deux JETÉS VIVANTS DANS L'ÉTANG ARDENT DE FEU et de soufre.

Apocalypse 19,20

Le faux prophète, qui peut être comparé au magicien assistant spirituel de l'antéchrist, sera également en Enfer. Cet homme mauvais dont les charmes spirituels, les enchantements et les sorts furent utilisés pour donner du pouvoir à l'antéchrist, sera également en Enfer.

7. Le diable lui-même sera en Enfer.

Et le diable, qui les séduisait, fut jeté dans l'étang de feu et de soufre, où sont la bête et le faux prophète. Et ils seront tourmentés jour et nuit, aux siècles des siècles.

Apocalypse 20,10

Une autre personne qui fera partie de la communauté de l'Enfer est le diable lui-même. Tous ceux qui ont eu peur des démons, des diables et des fantômes auront à faire au diable lui-même dans l'obscurité brumeuse des enfers. Le diable lui-même sera l'un des membres les plus éminents et importants de la vaste communauté de l'Enfer.

Chapitre 6

Que se passe-t-il en Enfer ?

C hrist est mort pour nous sauver et pour que nous ne périssions pas dans l'étang de feu. Tout au long de la Bible, on nous dit qu'il y a un endroit qui s'appelle l'Enfer. Le lac de feu est la destination finale de tous ceux qui vont en Enfer.

Un compagnon de chambre en Enfer

J'ai entendu un jour une histoire étonnante illustrant comment le Seigneur Jésus apparut à un pasteur des Assemblées de Dieu dans une vision et lui dit : « Je veux que tu deviennes plus évangélique ; je vais donc t'emmener en Enfer pour que tu vois comme il est réel».

Ce pasteur avait connu le Seigneur depuis sa jeunesse, mais durant son adolescence, il avait rétrogradé et abandonné Dieu. Ce retour en arrière continua jusqu'à ce qu'il aille à l'université, où il a consacré de nouveau sa vie au Seigneur. En fait, il était si zélé qu'il quitta l'université et décida d'aller à l'école biblique et d'embrasser le ministère. C'est pendant qu'il était pasteur que le Seigneur lui apparut un dimanche soir pour l'exhorter à être plus évangélique.

Au cours de la vision, le Seigneur l'emmena en Enfer où il aperçu toutes les images et sons de l'Enfer. Il vit les pleurs, les grincements de dents et les lamentations des perdus. Il dit : « Si le Seigneur n'avait pas été avec moi, j'aurais été vraiment effrayé de ce que je vis en Enfer».

Soudain, ils sont tombés sur quelqu'un en enfer qu'il a reconnu. Cette personne était son compagnon de chambre de deuxième année pendant qu'il était à l'université. Il s'écria : « Que faites-vous ici ? » À sa grande surprise son compagnon de chambre dit : « J'ai été tué dans un accident de voiture vendredi. » Rappelez-vous que cette vision a eu lieu dimanche soir.

Quand il sortit de la vision, il était très perturbé et voulait appeler sa mère pour savoir si elle savait quelque chose sur son compagnon de chambre, mais il était trop tard pour appeler. Il appela alors sa mère le lundi. Après avoir échangé des politesses avec elle, il lui demanda : « As-tu des nouvelles d'untel, mon compagnon de chambre ? »

Sa mère répondit : « J'allais t'en parler, il a été tué dans un terrible accident de voiture vendredi ».

Le pasteur ne pouvait pas en croire ses oreilles. Il était en état de choc. C'était réel. Il avait vraiment vu son compagnon de chambre de deuxième année en Enfer. Il avait vraiment vu l'intérieur de la prison et son propre ami et compagnon de chambre.

Mon cher ami, l'Enfer est réel et les gens en Enfer savent et se rappellent comment ils sont morts ! Ils savent quand ils sont morts ! Ils ont découvert de première main que la Bible est vraie ! La Bible contient la Parole de Dieu. La Bible nous donne les seules informations fiables dont nous disposons sur l'Enfer.

Ce que la Bible dit de l'Enfer

1. L'Enfer est un vaste étang de feu et de souffre.

> Et le diable, qui les séduisait, fut jeté dans l'étang de feu et de soufre, où sont la bête et le faux prophète. Et ils seront tourmentés jour et nuit, aux siècles des siècles.
>
> Apocalypse 20,10

Il y a beaucoup de vastes lacs de feu et de soufre sur terre aujourd'hui. Nous les appelons des volcans, et ils sont en effet un triste rappel et un grave avertissement de la réalité du lac de feu éternel.

Le feu et le soufre ont une odeur âcre que l'on trouve dans les volcans. C'est une merveille que les sceptiques modernes ne puissent pas imaginer des lacs qui brûlent continuellement.

Mais les volcans sont des lacs de feu brûlant que l'on trouve dans des montagnes sur toute la terre. Beaucoup de ces volcans mijotent pendant des centaines d'années et personne n'a demandé comment le feu liquide dans ces vastes lacs reste allumé.

2. L'Enfer est un lieu de douleurs.

Les liens du sépulcre m'avaient entouré, les filets de la mort m'avaient surpris.

2 Samuel 22,6

Il y a tellement de douleurs bien connues sur cette terre. Cependant, la Bible met en garde contre les douleurs de l'Enfer. Si les douleurs de cette terre sont difficiles à supporter, combien plus terribles seront les souffrances de l'Enfer ? L'Enfer est un lieu à éviter à cause des douleurs qu'on y trouve.

3. L'Enfer est un lieu où vous ne mourez jamais et où la souffrance n'a jamais de fin.

En ces jours-là, les hommes chercheront la mort, et ils ne la trouveront pas ; ils désireront mourir, et la mort fuira loin d'eux.

Apocalypse 9,6

Si ta main est pour toi une occasion de chute, coupe-la ; mieux vaut pour toi entrer manchot dans la vie, que d'avoir les deux mains et d'aller dans la géhenne, OÙ LEUR VER NE MEURT POINT, ET OÙ LE FEU NE S'ÉTEINT POINT.

Marc 9,43-44.48

Le mari qui pensait pouvoir mettre fin à tout

L'infini de l'Enfer est peut-être l'aspect le plus effrayant. J'ai entendu l'histoire vraie d'une Suisse qui souffrait à l'hôpital d'un cancer terminal. Son mari lui rendait visite chaque jour et regardait sa femme souffrir et se détériorer. Sa femme qui se tordait constamment de douleur souhaitait désespérément mourir.

Un jour, il décida d'y mettre fin lui-même. Comme il était membre de l'armée de réserve de la Suisse, il rentra chez lui, prit son fusil, retourna à l'hôpital et tira sur sa femme. Puis il se livra à la police. Il ne pouvait plus supporter la souffrance de sa femme et décida d'y mettre complètement fin. Ce monsieur était content du résultat, car il savait qu'il avait mis fin à la souffrance de sa femme sur cette terre.

Comme je réfléchissais à cette histoire, je me suis souvenu de ce que Jésus avait dit à propos d'un lieu où la souffrance n'a jamais de fin. Vous ne pourrez pas prendre un fusil et mettre fin à quoi que ce soit. Le ver ne meurt pas et le feu ne s'éteint pas.

Cinq choses qui se passent en Enfer

1. Que se passe-t-il en Enfer ? Quelque chose de tellement terrible se passe en Enfer qu'il vaut mieux perdre vos bras, vos yeux et vos jambes afin d'éviter d'y aller. L'Enfer est si difficile que vous ne pouvez même pas imaginer la souffrance qu'on y éprouve.

Si ta main est pour toi une occasion de chute, coupe-la ; mieux vaut pour toi entrer manchot dans la vie, que d'AVOIR LES DEUX MAINS ET D'ALLER DANS LA GÉHENNE, dans le feu qui ne s'éteint point.

Si ton pied est pour toi une occasion de chute, coupe-le ; mieux vaut pour toi entrer boiteux dans la vie, que d'avoir les deux pieds et d'être jeté dans la géhenne, dans le feu qui ne s'éteint point.

Et si ton œil est pour toi une occasion de chute, arrache-le ; mieux vaut pour toi entrer dans le royaume de Dieu n'ayant qu'un œil, que d'avoir deux yeux et d'être jeté dans la géhenne.

Marc 9,43-47

Je ne connais aucun lieu sur terre pour lequel il vaille la peine de perdre vos bras ou vos yeux. Il n'y a peut-être pas de meilleure description pour nous aider à comprendre le genre de lieu que l'Enfer doit être. Un endroit si terrible que vous seriez heureux d'offrir vos yeux ou vos bras pour y échapper !

2. Que se passe-t-il en Enfer ? Des millions de gens sont enchaînés dans les immenses donjons sombres, brumeux et effrayants des enfers.

Car, si Dieu n'a pas épargné les anges qui ont péché, mais s'il les a précipités dans les ABÎMES DE TÉNÈBRES et les réserve pour le jugement.

2 Pierre 2,4

Être enchaîné pendant quelques heures est une expérience assez difficile. Je ne peux imaginer ce que cela doit être de se trouver lié par les chaînes des ténèbres pour toujours.

3. Que se passe-t-il en Enfer ? Les gens sont brûlés vifs dans l'étang de feu. Ils ne meurent pas et on ne les éteint pas. Bien au contraire, ils continuent de vivre dans le feu, la chaleur et l'obscurité de L'Enfer.

Et la bête fut prise, et avec elle le faux prophète, qui avait fait devant elle les prodiges par lesquels il avait séduit ceux qui avaient pris la marque de la bête et adoré son image. Ils furent tous les deux jetés vivants dans L'ÉTANG ARDENT DE FEU et de soufre.

Apocalypse 19:20

Vous ne vous noierez pas dans le lac ; vous ne serez pas non plus réduit en cendres. Vous serez vivant dans ce feu. Ce n'est pas comparable à la mort par peloton d'exécution, noyade, pendaison, empoisonnement ou même électrocution. Dans ces cas-là, la mort survient après quelques minutes.

Les horreurs de la scène d'exécution passent rapidement alors que vous êtes transporté dans un autre monde. Toutefois, dans ce lac de feu, vous serez vivant alors qu'on vous brûlera et on vous noiera. Pendant ce temps, vous ne serez jamais entièrement noyé ou brûlé.

4. Que se passe-t-il en Enfer ? L'Enfer reçoit des nouveaux venus chaque jour, mais ne semble pas être plein. L'étang de feu ne sera jamais rempli, car la Bible dit que l'Enfer n'est jamais rempli.

Le séjour des morts et l'abîme sont insatiables ; de même les yeux de l'homme sont insatiables.

Proverbes 27,20

Il y a de la place pour vous en Enfer si vous refusez obstinément l'évangile du salut par Christ.

5. Que se passe-t-il en Enfer ? Il y a d'énormes projets d'expansion en Enfer. L'Enfer se développe ! L'Enfer s'agrandit !

C'est pourquoi LE SÉJOUR DE MORTS OUVRE SA BOUCHE, ÉLARGIT sa gueule outre mesure ; alors descendent la magnificence et la richesse de Sion, et sa foule bruyante et joyeuse.

Ésaïe 5,14

Parce que la majorité des gens empruntent la voie large, il y a un nombre infini de gens qui vont en Enfer.

Le lac de feu s'élargit parce que de plus en plus de gens rejettent Dieu à cause de leur orgueil. Des multitudes attendent la bonne nouvelle de Jésus Christ dans les coins retirés de la terre, tandis que nous ne célébrons rien dans les églises de nos grandes villes.

Chapitre 7

Comment le sang de Jésus peut vous sauver de l'Enfer

1. Le sang de Jésus a le pouvoir surnaturel de vous sauver des conséquences de votre péché.

Sachant que ce n'est pas par des choses périssables, par de l'argent ou de l'or, que vous avez été RACHETÉS de la vaine manière de vivre que vous avez héritée de vos pères, mais PAR LE SANG PRÉCIEUX DE CHRIST, comme d'un agneau sans défaut et sans tache.

1 Pierre 1,18-19

La quête

J'ai connu quelqu'un qui se mourait à l'hôpital et avait besoin de sang pour être sauvé. Je m'impliquai et me rendis à la banque de sang moi-même. Quand j'entrai dans la banque, je vis des paquets de sang un peu partout. Il y avait du sang sur la table et aussi dans le frigo. Je regardai dans le frigo et vis plusieurs étagères chargées de sang. Mais il y avait un problème. Ils n'avaient pas le bon rhésus de sang pour mon ami. Le sang de mon ami était un rhésus rare.

« Désolé, nous n'avons pas le rhésus de sang dont vous avez besoin », dirent-ils.

« Que voulez-vous dire ? Est-ce que c'est du sang animal ? Est-ce c'est du sang de boucs ou de taureaux ?

- *Nous n'avons pas de sang de boucs ici !*, s'écrièrent-ils. « Le sang de boucs ne va pas avec le sang humain.

Votre ami a besoin d'un rhésus particulier de sang humain que nous n'avons pas ».

Je posai alors des questions sur le sang qui se trouvait sur la table. Ils me dirent : « *Ce sang est périmé*. On ne peut plus l'utiliser ».

- Que voulez-vous dire par 'périmé' ?, demandai-je.

« *Il est trop vieux* », dirent-ils. « Il a perdu son pouvoir ».

« Eh bien ! », me dis-je. « Alors le sang de Jésus est vraiment très puissant, pour avoir duré plus de deux mille ans sans perdre son pouvoir ».

Ce soir-là, je me rendis compte à quel point c'était vrai qu'il y avait différents types de sang. Il y avait beaucoup de types de sang, mais aucun d'entre eux n'était adéquat. Ce soir-là, je me rendis compte que tout le sang de la banque ne pourrait sauver mon ami. Ce n'était tout simplement pas le bon type de sang. C'était soit du sang périmé, soit le mauvais type de sang. J'ai commencé à appeler d'autres hôpitaux pour voir si je pourrais trouver du sang adéquat pour mon ami.

Vous voyez, mon cher frère, le sang des taureaux et des boucs ne pourrait jamais avoir le pouvoir de vous sauver de vos péchés. Seul le sang de l'Agneau de Dieu sans péché a le pouvoir de laver les péchés.

C'est pourquoi nous louons le sang de Jésus. C'est pourquoi nous chantons : « Il y a de la puissance, de la puissance, une puissance miraculeuse dans le sang de l'Agneau ».

C'est pourquoi nous chantons aussi que le sang ne perdra jamais son pouvoir. Le sang de Jésus durera pour toujours. C'est du sang éternel et il aura toujours le pouvoir de laver les péchés.

Le meurtrier

Je visitai un jour une prison de haute sécurité en Afrique. Je devais prêcher aux détenus condamnés à mort ce matin-là. Tout le monde dans la section où j'allais était condamné à mort. J'ai été accueilli à la porte de section de cette prison par un homme brandissant la Bible ; il se présenta comme le chef de file du groupe. Il ressemblait à un pasteur ordinaire que vous rencontreriez dans une église. Je lui demandai qui il était.

Il me dit : « Je suis le chef de groupe des cellules des condamnés ». J'étais étonné qu'un tel homme spirituel, brandissant la Bible, se trouve dans ce lieu. Je rassemblai mon courage et lui demandai : « Qu'avez-vous fait qui vous ait amené dans cette prison ? »

Il sourit timidement et me dit : « Oh, un meurtre. Tout le monde dans cette section a été reconnu coupable de meurtre ».

Je gardai le silence un instant et me demandais comment quelqu'un de si gentil avait pu tuer quelqu'un.

Je lui demandai alors : « Qui avez-vous tué ? »

Il me dit : « J'ai tué mon fils ».

« Pitié ! », pensai-je. « Quelle horreur ».

J'arrivai au lieu de rencontre et regardai la congrégation. La salle était remplie d'hommes qui semblaient sincères et priaient Dieu avec ferveur. Je fus soudain saisi d'un grand désir de les libérer. Je sentais dans mon cœur que c'étaient de bonnes personnes qui s'étaient repenties de leurs erreurs. Je voulais me précipiter vers la porte principale et ordonner que les prisonniers soient libérés.

C'est alors que je me rendis compte que je n'avais pas le pouvoir de libérer ces hommes de la prison. Peu importe ce que je pensais et combien d'argent j'avais, un pouvoir très, très élevé était nécessaire pour les faire sortir de prison.

Je pensai combien il serait difficile d'obtenir une grâce présidentielle pour le groupe entier de meurtriers qui assistaient à mon service. Ils étaient là pour la vie et la plupart d'entre eux devraient passer leur temps sur terre dans cette prison.

C'est alors que je me rendis compte de la puissance du Sang de Jésus.

Son Sang rachète

Nous avons été liés avec les chaînes du diable ! Nous avons été noyés dans nos péchés ! Nous étions coupables de toutes les charges ! Nous allions vers l'Enfer !

Qu'est-ce qui pourrait changer notre destin ? Qu'est-ce qui pourrait nous sortir de la prison éternelle ? Seul quelque chose d'extrêmement puissant pourrait résoudre votre délivrance et la mienne. Après tout, nous sommes clairement coupables, c'est indiscutable. La chose puissante ayant la possibilité de nous libérer de notre prison bien méritée est le Sang de Jésus Christ. Le sang de Jésus est la seule chose ayant ce genre de pouvoir. C'est pourquoi nous chantons : « Qu'est-ce qui peut laver mes péchés ? Rien sinon le Sang de Jésus ! Qu'est-ce qui peut me rendre sain ? Rien sinon le Sang de Jésus ! »

Qu'est-ce qui a le pouvoir de nous sauver de notre misérable existence de prisonniers ? La Bible King James appelle notre existence misérable « notre vaine conversation ».

2. Le sang de Jésus a le pouvoir surnaturel d'empêcher la mort.

Car l'âme de la chair est dans le sang. Je vous l'ai donné sur l'autel, afin qu'il servît d'expiation pour vos âmes :

Lévitique 17,11

Le sang de Jésus a en lui un pouvoir surnaturel d'empêcher la mort. Le sang de Jésus a en lui un pouvoir surnaturel de vous empêcher d'aller en Enfer. Parce que la vie est dans le sang, l'absence de sang vivifiant entraîne la mort.

La science médicale a découvert que n'importe quelle partie du corps humain privée de sang meurt. Par exemple, les sections du tissu cérébral meurent quand l'apport sanguin à cette section est bloqué. C'est ce que nous appelons un accident vasculaire cérébral. Des parties du monde sont condamnées à mort quand on empêche le sang de Jésus d'y couler. Des régions entières du monde sont condamnées à mort et à l'Enfer parce qu'aucun évangéliste n'a pu s'y rendre. La vie reviendra à beaucoup de gens quand ils recevront le sang de Jésus.

La jambe qui « mourut »

Il y a quelques années, j'étais dans une salle de consultation à l'hôpital, et mon professeur m'appela pour voir un homme dont la jambe était « morte ». La jambe de l'homme était devenue noir et froide, parce que l'approvisionnement en sang à la jambe avait été arrêté dans un accident.

C'était la première fois que je voyais quelque chose comme cela. Je ne savais pas qu'une partie du corps pouvait réellement mourir et être encore attachée au corps. Cet homme était en danger de développer une gangrène dans sa jambe morte, qui se propagerait et le tuerait rapidement. Il dut se faire amputer la jambe, parce que le sang avait cessé d'y couler. Tout comme le sang ne pouvait pénétrer dans une partie du corps de l'homme, de même le sang de Jésus ne peut circuler dans certaines parties du monde. Ces parties du monde sont dominées par des religions du mal qui rendent les hommes captifs et les conduisent en Enfer.

C'est pourquoi je suis prédicateur : pour que le sang de Jésus soit disponible aux âmes de ce monde ! Je prêche pour que le sang de Jésus et le sacrifice de la croix ne soient pas gaspillés. Quelles louanges chanterons-nous pour le grand don du salut que nous avons par le sang de Jésus !

3. **Le sang de Jésus a le pouvoir surnaturel de vous ramener d'entre les morts.**

Que le Dieu de paix, qui A RAMENÉ D'ENTRE LES MORTS le grand pasteur des brebis, PAR LE SANG d'une alliance éternelle, notre Seigneur Jésus.

Hébreux 13,20

L'Écriture nous enseigne que le sang de Jésus est la puissance qui a ressuscité Jésus d'entre les morts. Le sang de Jésus a le pouvoir de ressusciter les morts. C'est la seule puissance qui puisse ressusciter Jésus Christ de la tombe. C'est par cette même puissance du sang que vous ressusciterez d'entre les morts. Vous allez mourir, mais vous ne resterez pas mort, grâce à la puissance du sang de Jésus.

L'homme qui perdit la vie en vomissant son sang

Le sang a le pouvoir de ramener les gens d'entre les morts. Même le sang naturel le fait. C'est pourquoi il existe des banques de sang. Ces banques conservent du sang, pour que l'on puisse avoir rapidement accès à du sang en cas d'urgence pour ramener les gens à la vie.

Une nuit, j'étais de garde aux urgences quand un jeune homme fut transporté à l'hôpital. Ce monsieur avait un problème inhabituel : il vomissait du sang. Il vomit toute la nuit. À chaque fois qu'il vomissait, du sang rouge vif sortait. Il n'a jamais vomi un seul petit morceau de nourriture. Son estomac était vide et de lui sortait du sang pur. À 2 heures du matin, son état commença à se détériorer et je dus trouver du sang pour lui.

Je me rendis à pied à la banque de sang cette nuit-là, pour ramener du sang pour cet homme. J'essayais de le ramener d'entre les morts. Ce fut une course pour la vie. Au matin, la place autour de son lit était couverte de sang rouge vif, parce qu'il avait vomi autour de lui toute la nuit. Triste à dire, en fin de compte nous n'avons pas pu l'empêcher d'aller à la tombe, parce qu'il avait vomi plus de sang que nous ne pouvions remplacer.

La course cette nuit-là fut une course pour obtenir rapidement assez de sang pour cet homme.

Seul le sang pouvait empêcher l'homme de mourir et d'aller à la tombe.

La course d'aujourd'hui est en effet la course pour apporter le plus rapidement que possible, le sang de Jésus à autant d'endroits que possible. Seul le sang de Jésus peut empêcher les gens de mourir et d'aller en Enfer.

4. Le sang de Jésus a le pouvoir surnaturel d'ouvrir les portes du Ciel.

Après cela, je regardai, et voici, il y avait UNE GRANDE FOULE, que personne ne pouvait compter, de toute nation, de toute tribu, de tout peuple, et de toute langue. Ils se tenaient devant le trône et devant l'agneau, revêtus de robes blanches, et des palmes dans leurs mains.

Et ils criaient d'une voix forte, en disant : Le salut est à notre Dieu qui est assis sur le trône, et à l'agneau...

Et l'un des vieillards prit la parole et me dit : CEUX QUI SONT REVÊTUS DE ROBES BLANCHES, QUI SONT-ILS, et d'où sont-ils venus ? Je lui dis : Mon seigneur, tu le sais. Et il me dit : CE SONT CEUX qui viennent de la grande tribulation ; ILS ONT LAVÉ LEURS ROBES, et ils les ont blanchies DANS LE SANG DE L'AGNEAU.

Apocalypse 7,9-10.13-14

En effet, l'une des merveilles du Ciel est de savoir comment des gens comme nous peuvent entrer dans un lieu comme le Ciel.

Comment avons-nous échappé à la prison où nous méritions d'aller ? Comment avons-nous quitté la compagnie des meurtriers et des fornicateurs ?

Comment nous sommes-nous défait de la sentence de mort contre nous ? Comment avons-nous évité le verdict de l'Enfer ?

Quelle connaissance nous a fait entrer au Ciel ? Quel personnage important a dit un mot en notre faveur ? Qu'est-ce que des gens comme nous font au Ciel ?

Où sont nos vêtements et nos chiffons sales ? Comment se fait-il que nous soyons habillés en blanc ? N'est-ce pas un groupe de voleurs, de meurtriers et de malfaiteurs ?

Comment se fait-il qu'ils chantent des hymnes ? Comment des gens qui allaient à peine à l'église ont réussi à entrer au Ciel ? Sont-ils ici pour une visite ? Vont-ils être là pour toujours ?

Mais l'un des anciens a la réponse. L'un des anciens explique que les foules ont pu venir au Ciel en lavant leurs robes dans le sang de l'agneau.

Le jour où je suis monté dans la voiture bénie

Un jour, un grand homme de Dieu visita notre pays. Après le programme, des milliers de personnes se pressèrent contre lui et une importante force de sécurité dut aider l'homme de Dieu à entrer dans la limousine qui l'attendait. Tout le monde voulait avoir un aperçu de l'homme de Dieu ou toucher le bord de son vêtement.

Finalement, cet homme fut emmené par le conducteur et l'évêque d'accueil. Une personne supplémentaire était assise sur le siège avant. Qui était cette personne supplémentaire et comment se trouva-t-elle dans la voiture quand des milliers de personnes voulaient juste avoir un aperçu de lui ?

Qui était le quatrième homme dans la voiture ? Ce n'était personne d'autre que « votre serviteur » - moi ! Les gens se sont toujours demandé comment j'avais eu une telle position privilégiée. Comment suis-je entré dans la voiture bénie ? J'eus le meilleur voyage de ma vie ainsi qu'un moment très important de fraternité et de partage de l'Esprit. Ce fut une occasion mémorable pour moi, et je reçus une grande onction de l'un des généraux de Dieu juste deux semaines avant sa mort. Les gens me demandèrent : « Comment avez-vous pu prendre place dans un lieu si privilégié et saint ? » C'est mon secret.

Peut-être une autre question à se poser est : « Comment quelqu'un comme vous a pu entrer dans l'église ? Comment quelqu'un comme vous est devenu ministre de l'Évangile ? Mais qu'est-ce que quelqu'un comme vous fait dans un lieu saint ? »

La seule chose qui puisse expliquer que vous et moi allions dans un lieu comme le Ciel sera le sang de Jésus. Ce privilège incroyablement grand nous est donné par le sang de Jésus. J'espère pouvoir un jour aller au Ciel. Comme tout le monde, on me demandera pourquoi les portes du Ciel devraient m'être ouvertes. Je n'espère pas entrer au Ciel du fait que j'étais pasteur ou parce que j'ai prêché à des foules nombreuses. J'espère passer les portes du Ciel pour la même raison que tout le monde le sang de Jésus ! C'est du sang de Jésus dont nous dépendons pour l'ouverture des portes du Ciel.

5. Le sang de Jésus a le pouvoir surnaturel de vaincre le diable.

Ils L'ONT VAINCU À CAUSE DU SANG DE L'AGNEAU et à cause de la parole de leur témoignage, et ils n'ont pas aimé leur vie jusqu'à craindre la mort.

Apocalypse 12,11

Le sang de Jésus a du pouvoir. Par le sang de Jésus, vous obtiendrez de la supériorité sur le diable et vous le vaincrez. Par le sang de Jésus, vous gagnerez toutes les batailles de la vie et du ministère. Par le sang de Jésus, vous ferez face à tous les problèmes démoniaques de ce monde. Il est temps de vaincre et d'écraser le diable par le sang précieux, puissant et éternel de Jésus.

Nous vivons dans un monde dominé par un esprit d'orgueil diabolique, de rébellion et de méchanceté. Ce mauvais esprit est assisté de milliers de démons au même caractère diabolique. Toutes les luttes de nos vies sont liées à la présence d'esprits méchants dans l'atmosphère. L'atmosphère dans différentes régions du pays et différentes régions du monde est déterminée par ces esprits méchants.

L'Écriture a de bonnes nouvelles pour nous. Nous pouvons vaincre le diable et ses cohortes. On nous a dit exactement comment surmonter le diable - par le sang de Jésus.

Étapes pour naître de nouveau

Étape 1

La première étape pour naître de nouveau est de reconnaître que vous êtes pécheur. Vous devez savoir que quelque soit votre degré de bonté, vous n'êtes pas assez bon pour aller au Ciel ou pour vous sauver vous-même. « Car tous ont péché et sont privés de la gloire de Dieu » (*Romains 3,23*)

Étape 2

La deuxième étape pour naître de nouveau est de comprendre que vous devrez payer pour vos péchés avec votre vie. Vous devez savoir que vous méritez de mourir à cause de vos péchés. En d'autres termes, vous êtes condamné à mort pour vos péchés. « Car le salaire du péché, c'est la mort ; mais le don gratuit de Dieu c'est la vie éternelle en Jésus Christ notre Seigneur » (*Romains 6,23*)

Étape 3

La troisième étape pour naître de nouveau et pour atteindre le salut est de savoir que Dieu aime tellement le monde qu'il a envoyé Son Fils Jésus Christ pour nous sauver tous. Il a vu que Ses enfants périssaient et descendaient en Enfer, et Il fait de son mieux pour les relever. « Car Dieu a tant aimé le monde qu'Il a donné son fils unique afin que quiconque croit en lui ne périsse point, mais qu'il ait la vie éternelle » (*Jean 3,16*)

Étape 4

La quatrième étape du salut est de croire en Jésus Christ de tout votre cœur et de confesser Jésus comme Seigneur. « Quiconque croit que Jésus est Christ est né de Dieu... » (*1 Jean 5,1*)

Étape 5

La cinquième étape pour naître de nouveau est de confesser ou de déclarer ouvertement que Jésus Christ est votre Seigneur. « Si tu confesses de ta bouche le Seigneur Jésus, et si tu crois dans ton cœur que Dieu l'a ressuscité des morts, tu seras sauvé. Car c'est en croyant du cœur qu'on parvient à la justice, et c'est en confessant de la bouche qu'on parvient au salut » (*Romains 10,9-10*).

Vous n'avez pas besoin de confesser tous vos péchés, parce que de toute façon vous ne vous souviendrez pas de tous, mais vous devez les confesser en général.

Étape 6

La sixième étape pour naître de nouveau et pour atteindre le salut est de personnellement recevoir Jésus Christ comme votre sauveur et Seigneur. Vous devez recevoir Jésus Christ par la prière pour L'inviter dans votre vie. Dieu a envoyé Son Fils mourir sur une croix pour vous, et c'est à vous de croire et de Le recevoir par la foi. L'expérience vous montrera que les gens ne reçoivent pas nécessairement les bonnes choses qui leur sont données. « Mais à tous ceux qui l'ont reçu, à ceux qui croient en son nom, il a donné le pouvoir de devenir enfants de Dieu » (*Jean 1,12*).

Un chrétien né de nouveau est quelqu'un qui a personnellement reçu Jésus Christ dans sa vie et est déterminé à suivre Jésus. Quand une personne dit une prière comme cela sincèrement du fond de son cœur, l'Esprit de Dieu viendra alors sur elle et dans son cœur. Votre être intérieur renaîtra ou sera créé de nouveau. Dieu vous donnera un cœur nouveau et un esprit nouveau. Vous serez ainsi né de nouveau. « Je vous donnerai un cœur nouveau, et je mettrai en vous un esprit nouveau ; j'ôterai de votre corps le cœur de pierre, et je vous donnerai un cœur de chair. Je mettrai mon esprit en vous, et je ferai en sorte que vous suiviez mes ordonnances, et que vous observiez et pratiquiez mes lois » (*Ézéchiel 36,26-27*)

Étape 7

La septième étape pour naître de nouveau est de suivre Jésus dans la pratique. Jésus a dit aux gens qui croyaient en Lui de tout quitter et de Le suivre. Vous devez payer le prix et sacrifier votre vie pour suivre votre Sauveur. C'est ce qui prouvera que vous êtes sérieux au sujet de votre prière pour naître de nouveau. « Si quelqu'un veut venir après moi, qu'il renonce à lui-même, qu'il se charge chaque jour de sa croix, et qu'il me suive » (*Luc 9,23*).

Naître de nouveau est aussi simple que cela. Croyez en Jésus. Invitez-Le dans votre cœur. Confessez-Le comme Seigneur. Et vous serez né de nouveau.

La prière du salut

« Seigneur Jésus, je viens à Toi comme pécheur, perdu et condamné à l'Enfer. Je me repens de mes péchés et demande Ton pardon. Je crois de tout mon cœur que Tu es mort sur la croix et ressuscité pour mes péchés. Je T'ouvre mon cœur et Te reçois comme mon Seigneur et Sauveur personnel. S'il Te plaît, prends contrôle de ma vie et fais de moi ce que Tu veux que je sois. A partir d'aujourd'hui, je suis Tien et Tu es mien. Merci Père, pour ce merveilleux don du salut, Amen »

Les livres de
Dag Heward-Mills

www.ingramcontent.com/pod-product-compliance
Lightning Source LLC
Chambersburg PA
CBHW071831020426
42331CB00007B/1690